Was auf den Tisch kommt, wird gegessen

Jürgen Ehrmann

Was auf den Tisch kommt, wird gegessen

Geschichten vom Essen und Trinken

Weltbild

Besuchen Sie uns im Internet:
www.weltbild.at

Sonderausgabe für Weltbild Verlag GmbH, Salzburg

Einbandgestaltung: Beatrice Schmucker, Grafik & Konzeption
Titelbild: ullstein bild
Satz: Datagroup int. SRL, Timisoara
Gesamtherstellung: CPI Moravia Books s.r.o., Pohorelice
Printed in the EU
ISBN 978-3-903159-56-3

2021 2020 2019 2018
Die letzte Jahreszahl gibt die aktuelle Lizenzausgabe an.

Inhalt

Vorwort

In diesem Sammelband sollen Essen und Trinken in autobiographischen Erinnerungstexten vorgestellt werden. Die Aufzeichnungen reichen zeitlich etwa von der Mitte des neunzehnten Jahrhunderts bis in die ersten Nachkriegsjahre des Zweiten Weltkrieges.

Innerhalb der Reihe »Damit es nicht verlorengeht ...« werden hier erstmals Texte aus verschiedenen Archiven veröffentlicht. Neben der *Dokumentation lebensgeschichtlicher Aufzeichnungen am Institut für Wirtschafts- und Sozialgeschichte der Universität Wien* sind dies die *Dokumentation lebensgeschichtlicher Aufzeichnungen* in Prag, mit deren Leiterin, Dr. Jana Losová, seit 1990 eine enge Zusammenarbeit besteht, und das *Erzählarchiv des Ludwig-Uhland-Instituts für Empirische Kulturwissenschaft an der Universität Tübingen.*

Bei der Auswahl wurde größter Wert darauf gelegt, daß sowohl Frauen als auch Männer aus unterschiedlichen Gesellschaftsschichten zu Wort kommen. Anfänglich war es jedoch etwas schwierig, Texte von Männern zu finden, die sich nicht ausschließlich mit der Nahrungssituation im Krieg oder während der Kriegsgefangenschaft beschäftigten. Freilich verwundert es diesbezüglich auch nicht, daß Frauen anders über Essen und Trinken schreiben als Männer bzw. dabei andere Gesichtspunkte in den Vordergrund stellen.

Es war mir ein Anliegen, möglichst viele Themenkreise zu vereinen. Obwohl ich unter thematischen

Gesichtspunkten keine bestimmten Schwerpunkte festgelegt hatte, war es leider nicht möglich, zu allen mir wichtig erscheinenden Themata geeignete lebensgeschichtliche Beschreibungen zu finden. Eine erschöpfende Zusammenstellung war im übrigen auch nicht beabsichtigt. Trotzdem hoffe ich, daß es gelungen ist, eine Grundlage für eine aus verschiedenen Blickwinkeln hinreichende Auswahl zum Thema Essen und Trinken zu schaffen.

Allein um eine bessere Lesbarkeit zu erzielen, wurden stilistische Eingriffe vorgenommen. Dabei bemühte ich mich, die Originalität der einzelnen Beiträge nicht zu verfälschen. All dies wurde in Absprache mit den betreffenden Autorinnen und Autoren vorgenommen. Auslassungen sind durch drei Punkte (...) gekennzeichnet, mir wichtig erscheinende Begriffe sind in einem Glossar erläutert.

Jeder Text beginnt mit einem biographischen Vorspann, der die wichtigsten Lebensdaten und -stationen der Verfasserin oder des Verfassers sowie Herkunft und Aufbewahrungsort der Quelle angibt. Die Reihung der einzelnen Beiträge erfolgte nach den Geburtsjahrgängen der Autorinnen und Autoren.

Die Übersetzungen aus dem Tschechischen besorgten Jana Geršlová und Jana Losová, denen ich an dieser Stelle meinen besonderen Dank aussprechen möchte. Jana Losová hat außerdem sämtliche biographischen Daten zu den tschechischen Autoren und Autorinnen zusammengetragen.

Für die Unterstützung bei der Recherche schwäbischer Texte gebührt mein Dank Bernd Jürgen Warneken von der Universität Tübingen. Weiters danke ich Günther Müller, Gert Dressel, Michael Mitterauer und Christa Hämmerle, die mir zahlreiche Hinweise und Anregungen im Hinblick auf thematisch interessante Lebensgeschichten zukommen ließen.

Vor allem möchte ich mich aber bei allen Autorinnen und Autoren oder deren Erben und Rechtsnachfolgern bedanken, welche mir Aufzeichnungen zum Thema Essen und Trinken zur Verfügung gestellt haben. Ohne sie wäre eine solche Anthologie unmöglich.

Muthmannsdorf, im Juni 1995 *Jürgen Ehrmann*

Anna Hartmann

wurde am 8. April 1827 als zweites Kind des Gastwirtsehepaares Johann und Anna Wareschitz geboren. Damals wohnte die Familie mit den Großeltern Paul und Marianne Wareschitz im Stadtteil »Hundsthurm«, der heute im fünften Wiener Gemeindebezirk liegt. Die Großmutter hatte zu Anfang des 19. Jahrhunderts die Verpflegung der königlich-ungarischen Garde übernommen, die im ehemaligen Palais Trautson am unteren Ende der Neustiftgasse untergebracht war.

Die annähernd 300 Seiten umfassende »Chronik der Anna Hartmann« ist in zwei Bücher zu je zwei Abteilungen gegliedert. Im ersten Buch beschreibt sie vor allem die Lebensgeschichte der Großmutter und vermittelt ein Bild vom Wien der dreißiger Jahre des 19. Jahrhunderts. Das zweite Buch handelt hauptsächlich von der Kindheit und Jugend Anna Hartmanns und skizziert kurz den Werdegang ihres Mannes, des Textilfabrikanten Longin Hartmann. Die Aufzeichnungen enden mit der Erwähnung der Geburt der Tochter Anna Maria am 3. Dezember 1848 und der Amtsübergabe Kaiser Ferdinands an seinen Neffen Franz Joseph. Anna Hartmann starb 1907.

Das Manuskript befindet sich im Besitz von Dr. Klaus und Dr. Erika Flemmich. Frau Dr. Flemmich hat die ursprünglich in Kurrentschrift verfaßte Familiengeschichte abgeschrieben und der Dokumentation lebengeschichtlicher Aufzeichnungen in Wien eine Kopie der Abschrift übergeben. Sie wird demnächst den vollständigen Text der »Chronik« in dieser Reihe herausgeben.

Den Türkensäbel haben wir zu Hause auch in der Küche benutzt

... Kaffee war damals noch wenig gekannt, und es gab daher Morgensuppe. Das Gesinde bekam Brot und Einbrennsuppe, die Familie Milchsuppe und in manchem Haus der Vater Eiersuppe. Bei den Herrschaften waren Choklad und Weinsuppe gebräuchlich, und selbst Maria Theresia kochte, wenn sie auf ihren Franzl eifersüchtig war, eigenhändig seine Weinsuppe, welche sie ihm auch selbst servierte und auf die dann nicht selten eine Rumpelsuppe folgte.

Da kam einmal eine Gesandtschaft aus Marokko nach Wien. Die Wiener gingen derselben auf der Straße nach Schwechat entgegen. Die Frau Großmutter lachte noch, wenn sie daran dachte, wie die Kerls in ihren Wagen wie auf Hühnersteigen mit untergeschlagenen Beinen hockten und, unbekümmert um die gaffende Menge, gelassen fortrauchten. Sie führten ihre Zelte mit sich und schlugen am Heumarkt, dort wo heute die Marokkanergasse anfängt, ihr Lager auf.

Alle Neugierigen, die den ganzen Tag über hingingen, wurden mit Kaffee bewirtet, der in großen Kupferkannen den ganzen Tag vorrätig war. Da er aber nach orientalischer Sitte mit dem Satz serviert wurde und auch an Süße zu wünschen übrig ließ, so rümpften die Wiener die Nase und begriffen nicht, wie so etwas gut sein sollte.

Aber es gab auch schon zu der Zeit Frauen in Wien, die es verstanden, guten Kaffee zu kochen. Und daß da die Frau Lampl-Wirthin dabei war, versteht sich, und die Frau Bräumeisterin war auch in das Geheimnis eingeweiht. Freilich, die Herren waren dagegen, denn Kaffee zur Jause kochen war damals geradeso, als ob man zur Jause Champagner trinken wollte.

Also, dann und wann an einem Sonntag zog der Herr die Nase und meinte: »Mir scheint gar, ich rieche schon wieder Kaffee.« – »Nein, mein Herr Vater«, hieß es, »nur das Satzerl wird ausgekocht«, und von dem Satzerl ließ sich der Herr Vater auch ein Täßchen schmecken und wunderte sich, daß sich das Satzerl auch noch so gut auskocht.

... Als Sonntagsbraten wurden Indian gegessen, die alten Wiener nannten selbe Schustervögel. Da war immer große Aufregung, wenn einer geschlachtet wurde. Das besorgte der Hausvater. Also, Frau, Kinder und Gesinde kamen in den Hof, der Indian wurde gereizt, und wenn er recht zornig – den Kopf hoch, den Kopf recht aufgebläht – stolzierte, schlich ihm der Herr Vater von hinten mit scharfem Säbel nach, und mit einem Hieb mußte der Kopf wegfliegen, wo dann ein Blutstrahl in die Höhe stieg. Der Körper lief noch ein paar Schritte, dann taumelte und stürzte er.

Der Herr Urgroßvater soll zu diesem Zweck noch einen Türkensäbel gehabt haben und besonders geschickt gewesen sein. Den Türkensäbel haben wir zu Hause auch in der Küche benutzt. Er war durch hundertjährigen Gebrauch und Schleifen immer kürzer geworden. Wir hackten Gänse und Hasen damit und Lammsiegl und Nierenbraten, bis er zum Spanlmachen degradiert wurde. Das hat der Türke, dem er einst gehörte, gewiß nicht geahnt, daß sein Säbel ein solches Ende nehmen wird.

Jeder Tag hatte im Bürgerhaus seine bestimmte Speise

... Mancher wird es lächerlich finden, was ich alles beschreibe, aber ich will euch ja ein Bild dieser vergangenen Zeit geben, und so muß ich auf alles kommen.

In den niedern Häusern waren in den Hoftrakten lauter kleine Wohnungen, bestehend aus Küche und Zimmer. Die Türen dieser Küchen gingen direkt in den Hof und hatten nur ein Oberlicht. Auch war in jeder Küche eine schmale Stiege auf den Boden, welcher mit einer Falltüre geschlossen war. Der Bodenraum ob Küche und Zimmer gehörte der Partei, wo selbe auch ihr bißchen Holz hatte, da noch keine Keller bei den Wohnungen waren.

In den Bürgerhäusern hatte die Küche zwei Fenster. Vis-à-vis von den Fenstern an der hintern Wand war ein länglicher, viereckiger Block gemauert, dessen oberste Reihe von schwarzen Ziegeln war. In der Mitte war eine längliche Vertiefung, in der das Feuer brannte. Man nannte es das Herdgrüberl. Obenan stand der große Laugentopf, an einer Seite Fleisch und Gemüse, auf der andern ein paar Töpfe mit reinem Wasser und am untern Ende der Kaffeesud, welcher alle Tage ausgekocht wurde.

Kam die Zeit zum Einbrennen oder für eine Mehlspeis' zu backen oder einen einfachen Braten zu machen, so gab man ein paar Schaufel Holzkohle auf das Feuer. Wenn die Glut angegangen war, schüttete man selbe auf den Herd, stellte einen eisernen Dreifuß darauf oder eine Kasserolle mit drei Füßen und machte dort die Einbrenn. Sollte eine Mehlspeis' oder ein Braten gemacht werden, so machte man ein zweites solches Plätzchen, nur daß dann die Kasserolle einen eisernen, ringsum aufgebogenen Deckel hatte, auf welchen ebenfalls Glut kam.

Bei den Gemüsen war es Brauch, daß man selbe von der Zeit an, wo die Suppe eingekocht wurde, nicht mehr anrührte. Und wenn selbe dann angerichtet wurde, fuhr man mit dem Schmarrnschäuferl unter der Kruste hin, wo so drei Finger Streifen wurden, welche man Rameln hieß, die dann über das Gemüse gelegt wurden, was sehr gut war, besonders von Erdäpfeln, gelben Rüben und Erbsen. Nur von Spinat, Kohl, Kochsalat, überhaupt von grünen Gemüsen, machte man es nicht. Aber es mußte auch beobachtet werden, daß es nicht anbrannte.

In den Ofen eingemauert war die Bratröhre, die aber fest in der Mauer steckte und nur von unten zu heizen war, daher bekamen meistens die Sachen oben keine Farbe. Hatte man einen größeren Braten oder Geflügel, Hasen u.s.w., so wurden die Wassertöpfe weggerückt, die Feuerhunde hineingestellt und der Bratspieß mit den Braten in dieselben hineingesteckt. Unten stand eine lange Pfanne, wo die Sachen zum Begießen darin waren. Entweder mußte ein Kind den Spieß drehen, oder die Köchin drehte eine Weile, begoß dann und machte wieder etwas anderes, um dann wieder zu drehen, was aber nicht so gut war, als wenn immerfort gedreht und begossen wurde.

Neben dem Herd war der Waschkessel, ob welchem der offene Rauchfang war. Der Rauchfang war schließbar, da man Cilinder noch nicht kannte. Der Rauchfangkehrer mußte auf einer Leiter in denselben hinaufsteigen, um das Pech abzukratzen. Brannte solch ein Rauchfang, so mußte der Rauchfangkehrer vom Dache aus in einen nassen Kotzen gewickelt durch denselben herunterfahren, wo aber in den uralten Häusern in der Stadt ein paarmal das Unglück geschah, daß eine Eisenstange durch den Rauchfang ging, der arme Mensch rittlings darauf zu sitzen kam und jämmerlich ersticken mußte.

Neben dem Herd nach vorne war ein Platz, um einen Sessel hinzustellen. Dann war quer durch die Küche ein Balken gezogen, in der Höhe, daß man darunter durchgehen konnte. Auf diesem Balken war eine Mauer bis zum Plafond geführt. Diese hieß der Mantelbaum. Dadurch war die vordere Seite der Küche vom Rauch geschützt, und er zog durch den Rauchfang hinaus. Nach innen war am Mantelbaum eine Eisenstange montiert, an welcher ein zweiteiliger, gestreifter Zwillichvorhang angebracht war, der, wenn nicht gekocht wurde, zugezogen war. Nach der Außenseite war ein breites Brett, die Hefenstelle, worauf die irdenen und kupfernen großen Töpfe gestürzt waren.

Auf der Mauer hingen die kupfernen Kasserollen und Modln und verschiedene Kupfer- und Messingsachen. Dann stand ein weißgestrichener Speiskasten, auf demselben eine Tasse mit den Gläsern und Flaschen. Über denselben der Tellerbord, oder wie die Leute sagten, der Schüsselkorb. In demselben steckten die täglich gebrauchten Teller und Schüsseln. Oben war ein Brett, wo die kleineren Porzellanhäferln standen, und unter dem

Schüsselkorb war eine Reihe Hakerl eingeschlagen, wo lauter ganz kleine schöne Häferln hingen.

Auf der andern Seite stand das Tafelbett für die Köchin und ein kleines Tischerl. Die Mädln hatten es zum Schlafen sehr kalt, da die Hitze des Feuers zum Rauchfang hinausging, dafür aber nachts Wind und Schnee durch denselben hereinkamen. Da hatte mein Vater die Erfindung gemacht und ließ ein Brett schneiden, das gerade in den Rauchfang paßte und an einer Stange befestigt war. Wenn nun alle Feuer ausgegangen waren, so wurde das Brett in den Rauchfang geschoben, und so hatte es unser Mädl besser.

War abgekocht, so wurde der Herd zusammengekehrt ins Grüberl und ein durchlöcherter Sturz von schwarzem Ton darauf gestürzt, wo sich dann manchmal die Funken unter der Asche hielten, was beim nächsten Feuermachen angenehm war. Am Samstag mußte der Herd geweißt, die obere Seite mußte mit Ofenschwärze und der Ziegelfußboden mit Rot gestrichen werden; Kupfer und Messing mußten mit Essigteig und Bastwaschl und das Zinngeschirr mit Zinnkrautlauge und Seife geputzt und mit Sägespänen abgetrocknet werden. Kupfer gab es sehr viel, das war der Stolz der Hausfrau. Als ich heiratete und Kupfer unmodern war, verkaufte ich selbst einen Teil um 33 Gulden Münz.

Nun muß ich aber noch eines erwähnen, worüber heute sich alle entsetzen werden, was aber damals gar niemand unrecht vorkam, weil es ja alle schon von den Voreltern her gewohnt waren. In jeder Küche stand der »Leibstuhl«; bei einfachen Leuten ganz ohne Maskierung, nur neben dem Waschkessel beim Herdvorgang. Bei feineren war ein weißgestrichener Kasten mit einer Glastür, wo er darinnenstand. Auf dem Boden steht noch der weiße Kasten, welchen wir in der Küche im Böhmhause hatten.

Mancher hat sich darüber schon den Kopf zerbrochen, was dieses für ein Kasten ist. Denn als noch keine Kanäle waren, da war nur im Hofe bei der Senkgrube ein Abort. Das war aber nur für Arbeiter. In den Häusern war nirgends einer, und man hätte wohl ein paar hundert Häuser abgehen können, bis man bei einer Wohnung ein separates Kammerl gefunden hätte, um es zu dem Zwecke zu benützen.

Die Häuser waren eben nicht darnach gebaut, und selbst als die Kanäle waren, ließen sich in den Stockwerken der alten Häuser keine Aborte anbringen. Beim Schlechter sind heute noch im ersten Stock keine. Wenn es bei mir wäre, da hätte ich gewiß schon zehn Kommissionen deswegen gehabt. Täglich abends nach dem Torsperren war dann allgemeines Austragen.

... So wie alles am Schnürchen geordnet war, so war es auch mit dem Essen. Da gab es früh kein Studieren: »Was kochen wir heute?« Nein, jeder Tag hatte im Bürgerhaus seine bestimmte Speise. Von der Suppe angefangen, wiederholten sich die meisten Tage, jede Woche dasselbe, nur Sonntag und Donnerstag, welchen man den bürgerlichen Feiertag nannte, wechselten. Sonst waren Suppe, Fleisch und Gemüse und das warme Nachtmahl am Abend immer am selben Tag gleich. Man hätte gewiß zum Beispiel am Mittwoch in zweihundert Häuser gehen können und überall Knödel und Selchfleisch gefunden.

Auch jedes Fest hatte seine bestimmten Speisen: zu Allerheiligen gedünstete Tauben mit Pasteten und Heiligenstriezl, zu Martini die gebratene Gans; am Heiligen Abend mittags Milchgrieß oder Mohnnudl und abends Beuschlsuppe, Fisch, Guglhupf, Zwetschken und Birnen, dann frische Äpfel und Nüsse; am Weihnachtstag Truthahn; zu Neujahr Schweinsrüssel und Braten mit Kraut, an Dreikönig das letzte Kletzenbrot und Mohnstrudl; am Faschingssonntag Polard, Orangensalat, Krapfen und Punsch; am Faschingsdienstag Polsterzipf oder Mäuse; zu Aschermittwoch mittags Stockfisch mit Kraut, abends Hering mit Apfelsalat; am Gründonnerstag mittags Spinat mit Eiern und Semmelschnitten, abends Eierspeis und Vogerlsalat; Karfreitag mittags Beuschlsuppe und Fisch, abends Käse und Guglhupf; am Karsamstag abends Schinken und Guglhupf und Osterflecken nebst harten Eiern; am Ostersonntag Lämmernes gebacken und gebraten; zu Pfingsten Backhühner, Kirschenkuchen und Weichselwein.

Am Faschingssonntag fingen die Frauen schon vor sechs Uhr früh zum Krapfenmachen an, denn damals wäre es eine Schande gewesen, selbe vom Zuckerbäcker zu kaufen. Um zehn Uhr sah man schon Kinder und Dienstboten mit in Servietten gebundenen Tellern laufen, die eine der andern zum Kosten schickte.

Da war immer dieselbe Rede, daß sie heuer gar nicht so schön geworden, während die andere versicherte, daß ihre gar nicht so schön sind und sie sich gar nicht getraue, welche zu schicken. Und war der Bote zur Türe raus, so hieß es: »Na, die hätte sich ihre Datschen auch behalten können.« Ich mußte als kleines Mädl immer mit einem Teller Krapfen bis in die Strozzigasse gehen. Da meinte ich oft, es fallen mir vor Kälte die Finger ab.

Alle diese Bräuche hatte ich so ziemlich beibehalten. Nur den Stockfisch kochte ich nur das erste Jahr, obwohl ich selben gerne aß. Aber die andern ließen selben stehen, und so mußte ich aufhören.

Der erste Sparherd

... Bei der Jause erzählte Frau Weisböck, daß ein neuer Sparherd erfunden wurde, wo man das Feuer ganz eingeschlossen hat und die Küche wie ein Zimmer ganz rein bleibt. Sie habe sich einen bauen lassen und lade die Frauen ein, sie zu besuchen und den neuen Herd zu besichtigen. Natürlich hätte die Frau Großmutter an liebsten gleich ihr Tuch genommen und wäre hingegangen.

Als die Mutter wieder ausgehen konnte, so wurde ein Nachmittag bestimmt, um die Frau Weisböck zu besuchen. Als wir fortgingen, stand der Vater in der Türe, die Mutter sagte: »Jetzt werden wir den neuen Herd ansehen.« – »Geht die auch mit?« fragte der Vater auf mich zeigend. »Freilich.« – »Nun, die wird's verstehen«, sagte er. »Da haben Sie recht«, sagte die Großmutter, »jetzt versteht sie es nicht, aber das ist jedenfalls ein Wendepunkt in der ganzen Küchenwirtschaft, und in ihren alten Tagen wird sie ...« – »Ja, ja, ja«, sagte der Vater und ging hinein. Die Frau Großmutter setzte ihre Rede im Gehen fort, und die Mutter hörte geduldig zu. Ich aber dachte: »Was soll ich in alten Tagen wegen diesem Herd?« Und siehe da, nun sitze ich in meinen sehr alten Tagen und schreibe darüber.

Als wir dort in die Küche geführt wurden, gefiel es den Frauen sehr. Es war die erste Küche mit Kelheimerplatten anstatt Ziegelpflaster, die sie gesehen. Alles war weiß und rein, sogar das nach damaligem Brauch in der Küche stehende Bett der Köchin hatte eine weiße Decke. Aber nun zum Herd. Es war ein fester, gemauerter Block, der nur in der Mitte eine Eisenplatte mit Reifen und darunter eine Heiz mit Türl hatte und unter diesen noch ein Aschentürl. In der Seitenwand war eine Bratröhre fest eingemauert, auch mit Heiz und Aschentürl.

Die Frau Großmutter besah sich den Herd, machte alle Türln auf und wiegte leise den Kopf. »Nun?« sagte die Frau Weisböck. »Ja, Frau Gevatterin«, sagte die Frau Großmutter, »Sie kochen für vier Personen, da mag's ja wohl gehen, aber für viele, da wüßte ich nicht, wie man fertig würde, denn der Herd kocht doch nur, so weit die Platte geht, das andere bleibt ja kalte Mauer, und die Röhre hat auch nur von unten Hitze. Da ist mir schon unten und oben Glut lieber.« – »Ja«, meinte Herr Weisböck, »wir essen jetzt auch öfter zwei Stunden später.« – »Weil«, sagte sie, »wenn man eines ein bißchen wegzieht, um etwas anderes fertigzumachen, hört das Weggezogene gleich zum Kochen auf. Das ist's eben, was ich sehe«, sagte die Frau Großmutter. »Nach meiner Meinung sollte der Herd wenigstens zwei Platten oder gleich oben lauter Platten haben und das Mauerwerk eine Handbreit von der Platte weg sein, dann könnte die Hitze überall hin, auch die Bratröhre sollte an der Seite frei sein.« – »Nun«, sagte Frau Weisböck, »ich bin schon froh, eine reine Küche zu haben.«

Merkwürdig? Als ich vierzehn Jahre später heiratete und wir noch sechs Wochen im alten Böhmhaus blieben, da hatten wir auch so einen Herd. Der brachte mich oft zur Verzweiflung, ja man konnte sich nicht einmal mit einem größeren Feuer helfen, denn legte man ein Stück Holz mehr hinein, dann brannte es gleich gar nicht.

Die Köchin, welche schon drei Jahre im Hause war, machte sich nichts daraus, wenn wir anstatt um zwölf Uhr oft um zwei Uhr aßen. Aber ich, die alles nach der Minute gewohnt war, ich hätte oft weinen mögen. Die Leute aßen aber indessen ein Stück Butterbrot nach dem andern, und wenn das Essen endlich fertig war, hatten sie keinen Hunger mehr. Als wir aber in unser Haus in die Millergasse zogen, da war ich hocherfreut, denn der Herd, wie er der Frau Großmutter vorgeschwebt, stand noch verbessert in der Küche.

Helene Gasser

wurde in Lienz in Osttirol als Tochter eines Schneiders geboren. Von 1864 bis 1895 diente sie im Hause Fleischl in Wien als Köchin. Danach kehrte sie wieder in ihre Heimat zurück, wo sie auch ihre »Memoiren« niederschrieb.

Die Familie Fleischl gehörte zum jüdischen Großbürgertum. Das Haus der Familie in der Wiener Taubstummengasse galt im 19. Jahrhundert als kultureller und gesellschaftlicher Mittelpunkt, in dem sich namhafte Persönlichkeiten trafen, unter anderem die Schriftstellerinnen Marie von Ebner-Eschenbach und Betty Paoli, der Schriftsteller und Direktor des Wiener Hofburgtheaters Heinrich Laube oder der Internist Joseph Breuer, der auch Hausarzt der Familie war.

Eine Abschrift des ursprünglich wohl in Kurrentschrift niedergeschriebenen Originals mit dem Titel »Memoiren einer Köchin« befand sich im Nachlaß von Dr. Otto von Fleischl (1849–1935). Sie gelangte durch Eugenie Palitschek, eine Freundin der Familie, 1956 in den Besitz von Prof. Dr. Hanns Jäger-Sunstenau, welcher der Dokumentation lebensgeschichtlicher Aufzeichnungen in Wien 1986 eine Kopie zur Verfügung stellte, und befindet sich heute in der Handschriftensammlung der Wiener Stadt- und Landesbibliothek.

Helene Gasser beschreibt in ihren »Memoiren« – die Abschrift hat einen Umfang von etwa 400 DIN-A 5-Seiten – ihre Erlebnisse während des Dienstes im Hause Fleischl, ihr Verhältnis zur Familie, die täglichen Arbeiten einer Köchin und die verschiedenen Ferienaufenthalte im Salzkammergut und in Italien. Der folgende Textauszug beschreibt einige Erinnerungen Helene Gassers an einen solchen Aufenthalt in Rom.

Die Schreibweise der auf italienisch wiedergegebenen Redewendungen sowie Eigen- und Ortsnamen wurde – auch wenn diese unrichtig sind – von mir nicht korrigiert, da sie Helene Gassers Zugang zur italienischen Sprache aufzeigt.

Auf dem welschen Herd kann ich nicht deutsch kochen

... Nun kommen wir wieder auf die Reise nach Rom. Nach einigen Tagen hat uns Doktor Otto geschrieben, daß sie eine Wohnung haben auf der Piazza di Spagna No. 9. Das hat mich gleich gefreut, weil ich die Gegend schon kannte, gleich beim Pincio, da ist es am schönsten. Dann sind wir abgereist, aber in Franzensfeste haben wir lange auf den Berliner Zug warten müssen, war langweilig.

Es war schon der 30. Oktober, zum Glück war ein herrliches Wetter. Auf einmal hat das Paperl, der Papagei der gnädigen Frau, was zum besten gegeben. Er hat zu pfeifen angefangen, und zwar: »Du bist verrückt, mein Kind, du mußt nach Berlin«. Ein paar Herren, denen das gut gefallen hat, haben gleich mitgepfiffen, der Paperl hat sich gleich bekanntgemacht. Nun kamen wir über die Berge. Ja, das Paperl mußte eine Fahrkarte haben. Das ist bei uns in Österreich nicht, ich glaube drei oder vier Lire hat es gekostet, und so kamen wir ganz gut gegen Früh in Florenz an.

Da war die Frühstückszeit. Es ist eine Frau aus Berlin mit uns gefahren, sie ist noch weiter nach Neapel und hat kein Wort verstanden. Vergebens hat sie dem Condukten gesagt: »Geben Sie mir warme Milch!« Da war ich stark und sagte: »Latte calio, dare Signora«, und dachte mir: »Wenn jetzt sich jemand untersteht und mit mir eine welsche Conversation anfangen will, der wird sich anschmiern.« Es war dann doch nicht der Fall.

Die größte Angst, die ich hatte, war: Was wird in der Küche, pardon, Kutschina, für ein Herd sein? In Gilgen hatte ich es schon gesagt: »Auf dem welschen Herd kann ich nicht deutsch kochen.« Herr Doktor Otto hatte gesagt: »Was möglich ist, werde ich schon besorgen.« Das Stubenmädchen von der Frau Gräfin, Frl. Angela, hat uns mit dem Rafael – das war der Portier von dem Haus, wo wir wohnten, der konnte natürlich kein Wort Deutsch – abgeholt.

Mein »Grüß Gott« war: »Frl. Angela, was ist es für eine Küche, und was gibt es für Geschirr?« – »Oh, die Küche ist schrecklich, und wenn man Feuer macht, da muß man mit einem Hennenschweif so lange Wind machen, bis es zu glühen anfängt, so was hab' ich noch nie gesehen.« Sie war schon einige Tage vor uns dort.

Wenn ich nur daran denke: »Was die gnädige Frau für Auslagen hat, was die Reise kostet, und ich kann die Herrschaft nicht zufriedenhalten. Ich bin gewohnt, daß man mit mir zufrieden ist. Um Maccaroninudeln und

Risotto zu kochen, braucht man keine deutsche Köchin. Was kann ich denn in dieser Küche für Mehlspeisen kochen?« All das hat mich ganz konfus gemacht.

Als wir in die Wohnung kamen, waren die Herrschaften nicht zu Hause. Ich glaube, die gnädige Frau und die Frau Gräfin haben bei der jungen Frau und Herrn Doktor Otto gespeist. Dann ist Doktor Otto zuerst dahergekommen. Er hat sich mit uns gefreut, daß wir da sind, und ich habe geweint: »Aber, Herr Doktor, ich bin ganz verzagt mit dieser Küche.«

Sogleich kam auch die gnädige Frau herein und hat sich auch gefreut, daß wir da sind. Mir war es sehr unangenehm, daß sie gesehen hat, daß ich geweint habe. Aber Doktor Otto hat es gutgemacht und hat gesagt: »Die Helene ist nur müde.« Die Mali mag sich gedacht haben: »Wenn schon die Helene Angst hat, was soll ich erst sagen?« Sie hat auch im stillen geweint.

Dann habe ich mich aufgemacht und sagte: »Mali, das nützt nichts, wir sind nun einmal da, wir kosten so viel Geld, es wird und muß gehen. Jetzt gehen wir zum Corso, um Bäckerei zu kaufen. Das kenne ich noch alles.« Und so haben wir halt in Gottes Namen angefangen. Den andern Tag haben wir auch schon gekocht. Das war ein Anfang. Der Frau Gräfin war nicht ganz wohl, und so konnte sie nicht alles essen.

Ein kleines Häufchen Kohlen war das ganze Brennmaterial. Mit Kohlen mußte man anfeuern und einen Rauchfang drauf stellen, daß sich der Rauch nicht in der ganzen Küche verbreitete, und mit dem Hennenschweifblasbalg so lange Wind machen, bis es brannte. Dann gab es Häfen mit drei Füßen, die ich schon bei meiner Großmutter gesehen habe. Da konnte man sehen, wie unmodern die Römer noch waren.

Diese Häferln wurden dann um das Loch, wo das Feuer brannte, herumgestellt. Auf das Feuer konnte man auch was draufgeben. Aber einen Bratofen, den man so viel braucht, den gab es nicht. Nun war halt wieder der Herr Doktor angesagt. Der gnädigen Frau haben wir schön Ruhe lassen, der Herr Doktor ist ja bekanntlich auch ein Koch.

Wirklich, er versteht sehr viel von der Kocherei, und er hat mir allerlei angeraten. Etwa, daß in der Via Bondotti ein Bäcker ist, bei dem man backen lassen kann. Weit war es auch nicht. Ich bin dann hingegangen, um mich zu erkundigen, natürlich alles auf stockwelsch. Da habe ich halt angefangen, hab' halt böhmisch versucht, was ich von der Kathy gelernt habe.

Der Bäcker wird sich gedacht haben: »Die kann gewiß mehrere Sprachen.« Da hat er auch recht, wenn er sich das gedacht hat. Nun versuchte ich die welsche Katzelmacher-Sprache. Die ist gegangen, und wir haben uns so weit verständigt, daß ich Bescheid wußte. Es ging mit den Braten ganz gut, aber mit den Mehlspeisen war es nichts.

Wir bekamen dann allmählich schon mehr Courage und haben einen anderen Bäcker gefunden, der noch näher bei uns war, gleich anfangs von der Via Babuino. Es war der Hofbäcker, eine großartige Bäckerei. Zehn Burschen arbeiteten im Geschäft, und nicht einer hat ein Wort Deutsch verstanden. Da ging es zu wie im ewigen Leben, nur nicht so heilig. Da hat es geheißen, der Tommaso und der Fabio, Antonio, Emilio, Angelo –

eine ganze Allerheiligen-Litanei. Da ging es ganz gut. Man hat können selbst mit den Sachen in die Küche gehen, was aber sehr gefährlich war. Man hat darauf warten können und zusehen, sodaß es nicht zu viel im Ofen ist.

So nach und nach sind wir auf allerlei gekommen. Am Anfang ging es mit den Torten nicht gut. Dann hat man die Burschen verständigt: »Zu viel Hitze!« Einmal, da habe ich aus Butterteig Pasteten gemacht, wozu ja bekanntlich der Teig sehr kalt sein muß, sonst geht er im Ofen nicht auf. Wie ich fertig war, hat es Mali hingetragen. »Sagen Sie nur: ›Subito in stufa‹.«

Nach einer Stunde gingen wir sie abholen. Das war ein Lachen. Die Burschen haben immer gewartet, bis sie aufgehen, so wie ein Germteig, und wollten sie dann erst in den Ofen geben. Es war zu komisch, wie sie immer darauf gezeigt haben, daß sie noch nicht in die Höhe gingen. Wie sie gesehen haben, daß sie erst im Ofen aufgehen, da haben sie gelacht: »Oh, capito, pasta di buri.«

Auch das ist hernach gut ausgefallen. Die Burschen hat das sehr interessiert. Strudel, Apfel im Schlafrock, Kuchen und noch Verschiedenes mehr – all das haben sie nicht gekannt. Sie haben alles gut gemacht und waren sehr brav. Die Mali hat immer die Grammatik bei sich gehabt, wie ein Geistlicher das Brevierbuch, das er auch immer bei sich haben muß.

Mit meinem Herd hat es halt auch gehen müssen, er hat uns sogar unterhalten. Ich habe so manchen Zug zum besten gegeben. Oft habe ich mich während des Kochens auf den Herd gesetzt und alle Dummheiten losgelassen. Es war ja der ganze Herd eisig kalt bis auf das Loch, wo das Feuer brannte. Wenn man sich in Wien zu der Mittagszeit hinaufsetzen würde, da möchte ich schön ausschaun.

Wir waren nicht lange dort, da hatten wir schon eine größere Jause. Es kamen zwei Fräulein Exner und noch einige andere. Da war vom Zuckerbäcker auch ein Gefrornes bestellt. Am nächsten Tag kam ein Mann, den ich für einen Kohlenträger oder einen, der den Mist wegträgt, gehalten habe. Angela, Mali und ich haben ihn nicht verstanden, was er wollte. Ich fragte ihn, ob er carboni, Kohlen, bringt? »No, no.« Dann sagte ich, ob er vielleicht vom Zuckerbäcker ist, nach dem schmutzigen Kübel zu urteilen gehört er dazu. Die Angela meinte, so würden die Zuckerbäcker doch nicht aussehn. Dann brachten wir ihm den Kübel. »Si, si«, sagte er. Der war froh, daß er gehen konnte, und wir haben gelacht zum Hinwerden.

Daraufhin kam die gnädige Frau heraus und fragte: »Was ist denn das für ein Höllenlärm?« – »Ja, weil wir den Zuckerbäcker für einen Kohlenträger und Mistbauer gehalten haben.« – »Ja, warum denn?« »Weil der so danach ausgesehen hat.« – »Ja, wie sollte er denn aussehn?« – »In Wien haben wir den Demel, den Hofzuckerbäcker. Die Burschen kommen schneeweiß bis auf die Stiefel, und die Kübel sind auch blendend weiß, und überall ist die Firma drauf. Das sind wir halt schon seit Jahren gewohnt.« Schließlich hat die gnädige Frau halt auch mit uns gelacht. Es ist dann ganz schön gemütlich geworden.

Die junge Frau vom Doktor Otto hat auch so manches besorgt. Einmal hat sie die Wirtschafterin vom

Hausherrn rufen lassen und ihr gesagt, was man für die Küche alles so notwendig haben muß. Man konnte doch nicht alles kaufen, vieles hatten wir aber schon gekauft. Die hat gesagt, ich soll in ihre Küche kommen. Wenn ich was brauchen kann, soll ich es nur nehmen. Diese Idee war nicht schlecht. Ich habe alles genommen, was nicht nagelfest war. So wurde es von Tag zu Tag besser, und es sind auch Gäste eingeladen worden.

Da kam unter anderem Bischof Doktor Alexander Fracknoy. Er war mit Doktor Otto und Frau schon länger bekannt. Er war ein sehr gemütlicher Herr, der auch öfter zu einer Spielpartie kam. Außerdem kamen mehrere Professoren, Archäologen. Diese haben die gnädige Frau und die Frau Gräfin oft eingeladen, wenn sie Vorlesungen über Ausgrabungen und Altertümer gehalten haben.

Das hat beide Damen sehr interessiert, namentlich die Gräfin. Sie war das erste Mal in Rom und ganz glücklich und für alles begeistert. Man kann sich denken, wie das die gnädige Frau gefreut hat, daß die Frau Gräfin einen so goldenen Humor hat und so zufrieden ist.

... Uns hat dann auch alles gefallen, sogar die Fretterei, weil manches so urkomisch war, daß wir uns dabei so gut unterhalten haben, namentlich beim Einkaufen, wenn man nicht reden kann. Einmal brauchte ich Germ und fragte die gnädige Frau: »Wie heißt man denn die Germ?« – »Die heißt man crema.« Ich ging ganz stolz zum Bäcker und sagte »Crema, due soldi.« Der Kerl schaute mich an und verstand mich nicht. Deshalb sagte ich nochmal: »Crema, due soldi.« – »Nix Teutsch.«

So dachte ich mir: »Was soll ich machen, ohne Germ gehe ich nicht nach Haus.«

Da benutzte ich die Zeichensprache, die verstehn nämlich alle Italiäner. Ich ließ mir farina, Mehl, zeigen. So hab' ich wenigstens sagen können: »Latti kaldo e zuckero.« Dann habe ich ihm gezeigt, daß es dann, wenn es warm ist, nach einer Weile in die Höhe geht. Hernach haben sie mir Germ gebracht und sehr gelacht dabei. Ich habe dann doch wissen wollen, wie sie heißt. Er sagte: »Levitto di birro.« So ging es halt.

Ein andermal hab ich vergessen, mich vorher zu erkundigen, wo der Fischmarkt ist und wie man die Fische heißt. »Ach«, dachte ich, »es wird schon gehn.« Während ich ging, überlegte ich, wie ich es machen soll, daß ich Fische bekomme, und fragte einen Stiefelputzer, davon gibt es so in jeder Ecke einen: »Prego, dove grande acque?«

Als er mich nicht verstand, habe ich wieder die Zeichensprache zur Aushülfe genommen und gezeigt, wie die Fische schwimmen. Das ist ganz prächtig gegangen, und ich bin ganz ohne Gefahr auf den Markt gekommen. Aber dort war ich nicht wenig verwundert, so viele Gattungen Fische zu sehen: »Nun, was kaufe ich für einen? In Wien kenne ich alle. Aber, wenn man so nahe am Meer ist, da werden schon alle Sorten auf dem Markt vertreten sein!«

Nun schaute ich eine Weile. Die Forellen waren beinah wie zu Gilgen. Dann nahm ich halt ein paar, fragte, was sie kosten, handelte die Hälfte herunter und ließ mich nicht anschmieren. Zwei Lire hatte er gleich nachgelassen, weiter ging es nicht. So ging ich zu einem anderen.

Da rief er mich zurück und hat sie mir gegeben. Der Kerl hat sich wahrscheinlich gedacht, daß sich die Deutschen gleich anschmieren lassen. Dann kam Doktor Otto: »Herr Doktor, kommen Sie, meine Fische anschaun, ob ich gut gekauft habe!« Er sagte: »Das sind ›spigola‹, es gibt nur noch eine bessere Sorte, und Sie haben ihn auch billig bekommen.« Bei dem sind wir auch geblieben.

Wenn ich einen Gallinatschio kaufte – wir Deutsche sagen dazu Indian –, da habe ich immer Angst gehabt, daß er alt sein könnte. Wie man »alt« sagt, habe ich nicht gewußt. Da sagte ich ganz einfach: »No antico!« Da hätten sie auch schon aus dem zwölften Jahrhundert sein können. Aber sie haben halt doch gewußt, was ich meine. Wenn ich heimkam, gab ich all diese Abenteuer zum besten. Beim Frisieren hab ich der gnädigen Frau schon allerlei erzählt. Es gab gleich was zum Lachen.

Germ verlangt man zum Beispiel mit einem einsilbigen Wort. Ich habe Mehl, Milch und Zucker gebraucht, um Germ zu bekommen. Da hätte ich gleich den Teig anmachen können. Die gnädige Frau hat so von Herzen gelacht und erst die Angela, so eine vitale Wienerin. Es gab jeden Tag, wie man in Wien sagt, eine Gaudi. Ich war wie ein Juxbrüderl, ich bin nicht einmal, wie ich jünger war, so lustig gewesen. Die Fräulein Angela war meine Spätzin und hat mich immer dazu angespornt. Ich hätte ihr immer was Lustiges vormachen sollen.

Einmal sind Mali und ich nach Fraskathy gefahren. Draußen schrieb ich eine Ansichtskarte: »Liebe Spätzin, weinen Sie nicht, ich komme heute Abend. Ihre Sie liebende Spätzin H. G.« Den andern Tag am Vormittag kam die Karte. Ich hatte gerade die Gnädige frisiert und hatte noch im Schlafzimmer allerlei zu tun.

Auf einmal kam die Gnädige, die Karte in der Hand und sagte: »Du, Helene, was ist denn das für eine Karte?« Ich las und sagte: »Ja, wie kommt denn die auf den Schreibtisch?« Ich war fast verlegen. Die gnädige Frau las: »Liebe Spätzin, weinen Sie nicht, ich komme heute abend.« Wie ist die Karte hineinkommen? Bestimmt hat sie die Angela die Frau Gräfin lesen lassen, die Frau Gräfin hat sie der Gnädigen zeigen wollen, ist beim Frisieren aber nicht hinein und hat sie auf den Tisch gelegt.

Es war hernach sehr lustig. Ich muß schon sagen, daß die Italiäner viel braver sind als wir Deutsche. Man lacht einen nie aus. Wenn man schlecht spricht, braucht man sich nicht genieren. Wir Deutschen lachen. Das kann der Zuckerbäcker bezeugen, den haben wir genug ausgelacht.

Einmal wollte ich Erdäpfel kaufen. Gesehen habe ich keine und sagte: »Kartoffel.« Nichts. Versuchte es noch einmal und sagte: »Bramburi«. Das verstehen doch alle, die bei der Terborlina hereinkommen. Wieder nichts. »Zum Kuckuck, sind euch die Böhmen auch nicht recht, so geben Sie mir Batati!«

Da fällt mir eben ein, daß Doktor Otto mir erzählt hat, daß er eine deutsche Frau kennt, die Eier kaufen wollte. Trauben und Eier ist nur ein Buchstab' Unterschied, blo und bla. Sie hat immer Trauben gesagt, und die Verkäufer wollten ihr Trauben geben. Daraufhin hatte sie Kickeriki geschrien, und da hat man ihr Eier gegeben. Das war wirklich zum Lachen, so weit habe ich es doch nicht gebracht.

Adele von Mises

wurde 1858 als Tochter einer großbürgerlich-jüdischen Familie in Brody in Galizien geboren, die später nach Wien übersiedelte. Ihr Vater war der Gründer des ersten Waisenhauses in Galizien, einer ihrer Brüder war der Sprachwissenschaftler Alfred Landau.

Adele von Mises starb 1937 und hinterließ zwei Söhne: den späteren Volkswirtschaftler Ludwig von Mises und Richard von Mises, der als Mathematiker Karriere machte. Es ist nicht bekannt, wann und wo sie ihre Aufzeichnungen anfertigte.

In ihrer Autobiographie »Tante Adele erzählt« beschreibt sie das Leben ihrer Familie in Brody sowie jüdische Feste und Bräuche. Eine Abschrift – sie umfaßt etwa 150 Seiten – gelangte im Rahmen eines wissenschaftlichen Projekts über jüdische Lebensgeschichten an der Universität Wien durch den Historiker Dr. Albert Lichtblau in die Dokumentation lebensgeschichtlicher Aufzeichnungen. Die Abdruckgenehmigung erteilte uns das Leo-Baeck-Institut in New York, welches sämtliche Publikationsrechte besitzt.

Die Orthographie der Abschrift wurde beibehalten.

Diese vier Wochen von Purim bis Pesach

... Schon einige Tage vorher gab es Hochbetrieb in der Küche. Da wurden zuerst die Nisslach gemacht und die Hamantaschen gebacken, weiße und braune, aus Zucker- und aus Honigteig. Dann kam der Neissachkuchen dran. Das war eine Art fleischiger Guglhupf ohne Zucker, bestimmt, statt Barches zum Braten gegessen zu werden. Da es damals noch kein Pflanzenfett gab, wurde er meistens mit Schmalz gemacht, hie und da auch mit Öl.

Am Esther Teines wurden dann die »sauern Fische« gekocht, die aber süß waren. Hierauf schritt man zum traditionellen Purimbraten, den Truthühnern oder »Indians«, wie man sie nannte. Da mußte mehr als ein Paar-Volk (Hahn und Henne) dran glauben. Es waren auch selbstgezogene darunter, auf die die Großmutter besonders stolz war.

Truthühner sind nämlich sehr schwer großzuziehn. Die jungen brauchen eine besondere Diät, harte Eier, ganze Pfefferkörner usw. Daher wohl auch die Redensart »Man füttert den Indian das ganze Jahr, und zu Purim steht er um«, die angewendet wird, wenn jemand, mit dem man sich viel Mühe gegeben hat, im entscheidenden Moment versagt.

Alle diese Sachen wurden in ungeheuren Quantitäten hergestellt, wofür die Aufklärung weiter unten folgt. Am Abend des Esther Teines begaben sich die Männer in die Schule zur Megillah, die kleinen Buben vollführten mit ihren Gregers, das waren Ratschen, bei jeder Erwähnung des Namens Haman einen Heidenspektakel. Um auch den todmüde gearbeiteten Frauen das Anhören der Megillah zu ermöglichen, erschien, nach Schluß des Gottesdienstes, Welwele (= Wölfele) Schames mit der Megillah, installierte sich im Speisezimmer und las uns die Megillah vor, wozu natürlich auch die jüdischen Köchinnen hereinkamen.

Das »Gregern« erlaubte aber die Großmutter nicht. Zum Anbeißen wurden Welwele, der natürlich gefastet hatte, ein Schnaps mit einigen Hamantaschen gereicht sowie ein Glas Milch, das er vor sich hinstellte, um während der Vorlesung seine Kehle damit anzufeuchten. Die Hamantaschen aber band er in sein großes buntes Taschentuch und nahm sie mit nach Hause.

... Nach einer Liste, auf der ganz entfernte arme Verwandte, ehemalige Angestellte und sonstige bedürftige bekowede Familien verzeichnet waren, wurden die Sudes zusammengestellt, je nach der genau bekannten Personenzahl der betreffenden Familie. Jede Familie bekam eine entsprechende Portion »saure Fische«, gebratenen Indian, Neissachkuchen, Hamantaschen, Nisslach, eine Flasche süßen Met und zwei große, schöne Kerzen zur festlichen Beleuchtung der Tafel.

Die Schüsseln und Teller wurden in große weiße Servietten gebunden, und der Diener wanderte den ganzen Vormittag mit diesen Gaben durch die Stadt. Die Entfernungen waren allerdings nicht sehr groß, und der Diener – unser letzter trug den biblischen Namen Owadja, im Dialekt Ojwidie – tat es sehr gern, weil er sich dabei auch ein wenig von der Mizwe anrechnete. Das ging so von frühmorgens bis mittags. Das Mittagessen wurde sehr summarisch erledigt. Nur die Krepplach in der Suppe durften nicht fehlen.

Am Abend kam dann die wohlverdiente Purim-Sude. Dazu wurde nicht im gewöhnlichen Speisezimmer, sondern im Sitzzimmer, der »blauen Stube« gedeckt. Wir waren natürlich alle bei den Großeltern. Das Menü war das gleiche wie es alle die armen Familien erhalten hatten, nicht um ein Haar anders. Im Nebenzimmer spielten die besten Klesmurin der Stadt, der »Czortkower« mit seiner Kapelle, die ausschließlich aus Familienangehörigen bestand. Aus dieser Familie sind viele tüchtige Musiker hervorgegangen, die an verschiedenen Orten wirkten.

Von dem Leben und Treiben an so einem Purimtag macht man sich keine Vorstellung, es war ein konzentrierter Fasching. Das war aber alles nichts gegen frühere Zeiten, von denen die Großmutter erzählte, als noch in den Straßen maskierte und kostümierte Leute umherzogen und das sogenannte Purimspiel aufgeführt wurde. Zu meinen Zeiten verkleideten sich bloß hie und da ein paar Gassenjungen, tollten lärmend umher und sangen: »Heute ist Purim, morgen ist's aus, gebt mir einen Kreuzer und werft mich hinaus!« Wir Kinder hatten noch am nächsten Tag, am Schuschan-Purim, ein kleines Nachfest.

Die Großmutter Landau, die sich kränkte, daß sie uns am Purim nicht bei sich haben konnte, lud alljährlich am Schuschan-Purim-Nachmittag mich und meine beiden einzigen Freundinnen, Sophie Halberstam und Mathilde Schorr, meine spätere Schwägerin, zu sich ein. Wir wurden um ein kleines Tischchen gesetzt und bekamen Glasschüsselchen mit Eingesottenem zum Auslöffeln. Ich ging gerne hin, da ich doch dort so gut wie zu Hause war. Aber Sonja und Manja, wie sie damals genannt wurden, die nur das eine Mal im Jahr hinkamen, waren ziemlich geniert und froh, wenn es vorüber war.

... Die Großmutter, die überhaupt sehr wohltätig war, liebte es besonders, Leuten zu essen zu geben. Sie selbst aß äußerst wenig. Jeder Rastelbinder, jeder Handwerker, der im Hause arbeitete, bekam etwas vorgesetzt. Das hat sich mir so eingeprägt, daß ich noch jetzt immer schüchterne Versuche mache, hier in Wien das gleiche zu tun, was aber nicht immer angebracht ist. Erst neulich sah mich ein Kohlenträger sehr erstaunt an, als ich ihm bei der großen Kälte eine Tasse Tee mit Rum anbot. Getrunken hat es sie aber doch.

Die Großmutter hatte stets eine Anzahl kleiner irdener Töpfe, in denen täglich drei bis vier gute Fleischsuppen gekocht wurden. Es fanden sich täglich arme Wöchnerinnen, Kranke oder alte Leute, die sich so ein gutes Süppchen mit einem Stück Fleisch drin holen ließen. Die Töpfe wurden nicht zurückgenommen, da die Großmutter sich mit niemand mischen wollte. Es gab aber auch zeitweilige Abonnenten, die wochenlang ihre Suppe erhielten. Die brachten täglich ihren Topf und kriegten ihn gefüllt wieder.

In der Schule, die von den ärmsten Kindern besucht wurde, wurden die Kinder auch gespeist. Das geschah in der Weise, daß in verschiedenen Familien an je einem Wochentag eine dicke Suppe, eine sogenannte Jischke, gekocht wurde, die dann von den Belfers, die des Morgens die riesigen Blechtöpfe – so wie unsere Nachttöpfe – gebracht hatten, abgeholt wurde.

Die Großmutter hatte jahrelang den Dienstag. Das war der Glückstag der armen Kinder. Die Großmutter gab nämlich in die Suppe außer den Graupen, der Hirse und den Bohnen, aus denen diese als eine Art Rumfordscher Suppe bestand, recht viel Fleisch, ganz klein geschnitten, damit es gleichmäßig verteilt werden konnte und die Belfers nicht die größten Brocken herausfischten. An dem Zerkleinern des Fleisches beteiligte ich mich auch sehr gerne und freute mich, wenn der Belfer erzählte, wie aufgeregt die Kinder am Dienstag waren. Bekamen sie doch sonst das ganze Jahr kein Fleisch zu sehen.

... Die Großmutter verließ das Haus an Wochentagen niemals zu Fuß. Das war eine Toilettenangelegenheit. Sie trug zu Hause über der kleinen, glatten Perücke ein weißes Tüllhäubchen mit färbigen, gewöhnlich blauen Seidenmaschen und Bindebändern. Als Ausgehkopfbedeckung kam für sie statt eines Hutes, den sie nur auswärts auf Reisen trug, nur das Sterntichl in Betracht.

Das war ein ziemlich schweres Diadem aus Perlen und Diamanten, die auf ein Drahtgestell aufgenäht waren. Einerseits war das Anlegen und Tragen dieses Kopfputzes ziemlich unbequem, und der Großmutter, die oft an Kopfschmerzen litt, lästig, andererseits hatte die Großmutter, eine sehr gescheite Frau, auch die richtige Empfindung, daß es am Alltag kein passender Aufputz für einen Gang durch die nicht sehr sauberen Straßen war.

Sie legte daher, abgesehen von einer einzigen Ausnahme, das Sterntichl niemals an einem Wochentag an. Am Samstag und an den Feiertagen schmückte sie sich damit, um in die Schule zu gehen, an diesen Tagen erledigte sie auch die wenigen Besuche, die sie zu machen pflegte. Besorgungen wurden teils von der Mutter, später von mir, teils von den Angeierns erledigt. Dagegen wurde fast täglich spazierengefahren, und zwar in unserem schönen, bequemen Wagen mit den prachtvollen Pferden. Im Wagen trug sie einfach ihr Häubchen.

Die einzige Ausnahme, von der ich gesprochen habe, war der Tag des Mazzebackens. Da legte Großmutter das Sterntichl an und begab sich schon am frühen Morgen in die Backstube, begleitet von der Mutter, mir, und noch einigen Hausgenossen. Die Pferde wurden vor den Leiterwagen gespannt, der die riesige Mazzekiste in das Backhaus brachte. Die durch besondere Vertrauenspersonen in der Mühle direkt eingekauften, plombierten und versiegelten Säcke Mehl waren schon vorher hingebracht worden.

Das Backhaus – es gab viele in der Stadt – war für diesen Tag nur für uns gemietet. Die Großmutter ließ schon Tage vorher drinnen alles besonders säubern. Die Helfer und Helferinnen mußten ganz frische Kleider und Schürzen anziehen und sich verpflichten, kein Essen mitzubringen. Dafür sorgte die Großmutter, indem sie riesige Töpfe Milch und ungeheure Mengen gekochter Kartoffeln hinbringen ließ, um sicher zu sein, daß kein Chumez in die Nähe kam.

Die Backstube war ein ziemlich großer Raum, in dem sich der Backofen befand und in der Mitte lange schmale Tische standen, an denen zu beiden Seiten die zwanzig Helfer und Helferinnen standen, die den Teig ausrollten. An einem Ende waren die Tische mit Blechtafeln gedeckt, an denen die vier Radler standen, die mit kleinen Mehlspeisradeln die ausgerollten Mazzes in kleine Vierecke radelten.

Von da kamen sie direkt auf die flache Holzschaufel mit sehr langem Stiel, die der Schieber den Radlern hinhielt, dann schob er die Mazzes direkt in den Ofen und holte sie nach einigen Minuten wieder heraus. In einem ganz abgesonderten Raume wurde der Teig geknetet, da die Mazzes mit dem Mehl nicht in Berührung kommen durften.

Da stand an einem großen, blanken Messingbecken der Kneter, gewöhnlich ein großer starker Mann, ihm zur Seite der Wassergießer und der Mehlschütter. Mit großen Blechmaßen gab der eine das Mehl, der andere das Wasser in das Becken. Der Kneter verarbeitete es und teilte es in ganz kleine Laibchen, die ein besonderer Helfer den Ausrollern zutrug.

Das Backen unserer Mazzes dauerte gewöhnlich bis in den Nachmittag. Die ausgekühlten Mazzes wurden sorgfältig in die große, mit Leinentüchern ausgeschlagene Kiste gefüllt und vom Wagen abgeholt. Die Löhne für die verschiedenen Kategorien der Helfer waren genau abgestimmt, in der ganzen Stadt die gleichen. Aber die Großmutter gab – nach damaligen Begriffen – so hohe Trinkgelder, daß wir, wenn wir nach Hause gingen, durch ein Spalier segenwünschender und glückstrahlender Leute gingen. Die meisten dieser Leute, ja fast alle, hatten das ganze Jahr hindurch sonst gar keine Arbeit oder Verdienst und harrten mit Sehnsucht auf diese vier Wochen von Purim bis Pesach.

... In den letzten Tagen vor Pesach erschienen zwei ehrwürdige, alte Juden, die Chumezankäufer. Mit dem Ernst, als ob es sich um ein wirkliches kaufmännisches Geschäft handeln würde, setzten sie sich an den Tisch und schrieben den hebräischen Kaufvertrag, die Starechiere, die von beiden Parteien unterzeichnet wurde, gaben einen Gulden als Angabe und zogen ab.

Nach den Feiertagen wurde der Kauf rückgängig gemacht und die doppelte Angabe als Reugeld zurückgegeben. Diese Unternehmer verkauften dann alles zusammen in eben dieser Weise an einen Goi und hatten ihren Profit dabei. Wirklicher strenger Chumez, wie Mehl und dergleichen, wurde über die Feiertage nicht behalten, sondern die vorhandenen Reste wurden vorher verschenkt. Bei dem Scheinverkauf handelte es sich meistens um Eingesottenes, Kompotte und dergleichen, hauptsächlich aber um »unwissentlich« im Hause verbliebenen Chumez.

Ein besonderer Vorgang wurde bei den Pferden und dem Stall beobachtet. Die Pferde samt dem ganzen Hafervorrat wurden am Pesach den christlichen Kutschern geschenkt. Wenn wir am Chol-hamoed spazierenfahren wollten, mußte ich in den Stall gehen und den Kutscher bitten, uns die Pferde zu leihen. Dieser, der ja auch jahrelang im Hause war, kannte den Witz schon, lachte und spannte an.

Nicht so harmlos spielte sich der Vorgang einmal bei der Besitzerin der größten Spezereiwarenhandlung in Brody, Chasche Kornfeld, ab. Sie pflegte alljährlich Laden, Warenlager und Magazin ihrem eigenen Stroz zu »verkaufen«.

Einmal hatte sie als solchen einen großen Schelm. Sie nahm vorschriftsmäßig seine Angabe entgegen und übergab ihm die Schlüssel. Der gute Mann lud sich nun an den Feiertagen seine guten Freunde ein und veranstaltete im Magazin ein großes Zechgelage, wobei sich die Gesellschaft an Rum, Likören und Delikatessen gütlich tat, ohne daß ihnen jemand ein Wort dreinreden durfte.

Um solche Vorkommnisse zu vermeiden, bediente man sich eben der obengenannten Unternehmer.

In unserer Familie bekamen die Kinder schon von ganz klein auf Mazzes zu essen. Manche Leute aber, die glaubten, daß ein kleines Kind nicht acht Tage ohne Grießpapperl leben könne, pflegten es dem Schuster in Chumez zu verkaufen. Das heißt, man gab dem in der Nähe wohnenden Schuster oder anderen bekannten Christen vor den Feiertagen ein Quantum Grieß, Mehl oder dergleichen und schickte das Kind an den betreffenden Tagen täglich mehrmals zur Fütterung hin. Die Großmutter erlaubte das in ihrer Familie nicht und sagte, man könnte das Papperl ebensogut aus Mazzemehl bereiten. Ich habe mich bei meinen Kindern danach gerichtet, und es ist ihnen wohl bekommen.

... In Brody gab es und gibt es wohl auch heute noch keine Wasserleitung. Wir hatten auch keinen Brunnen im Hofe. Das Wasser mußte vom Straßenbrunnen geholt werden. Leute, die nicht im eigenen Hause wohnten, wurde das Wasser von jüdischen Wasserträgern, deren es eine große Anzahl gab, zugetragen. Bei uns besorgte das der Hausbesorger.

An einem Tragjoch, an dem zwei große Holzkannen hingen, brachte er das Wasser und schüttete es in das Wasserfaß, das in einer Küchenecke stand und täglich frisch gefüllt wurde. Daraus wurde mit einer kleinen Holzkanne oder einem Blech-Litermaß der Tagesbedarf geschöpft. Bloß zum Trinken holte man das Wasser aus einem etwas entfernteren Brunnen, das für gut galt. Heute wissen wir, wie schlecht und verunreinigt das ganze Brunnenwasser in Brody war. Geschadet hat es uns aber nie.

Während die meisten Küchengeräte für das ganze Jahr und für Pesach doppelt vorhanden waren, war dies beim Wasserfaß nicht möglich, da bekanntlich ein aus Dauben und Reifen bestehendes Faß, wenn es auch nur kurze Zeit trocken steht, auseinanderfällt. Das Faß und die Kanne mußten also gekaschert werden. Zu diesem Behufe gab es ein eigenes Requisit, die »Kaul«. Das war eine große, schwere, eiserne Kugel, wahrscheinlich eine Kanonenkugel.

Nun erfreuten sich aber nicht alle Haushalte des Besitzes dieses wichtigen Instrumentes. Und so gab es alljährlich in den letzten Tagen vor Pesach ein Gelaufe aller Nachbarn von links und rechts, die kamen, um die Kaul auszuborgen. Nach strenger Weisung der Großmutter bekamen sie diese nur, wenn sie einen silbernen Löffel als Pfand daließen, den die meisten auch gleich mitbrachten. Durch diese Vorsichtsmaßregel gelang es, die Kaul über hundert Jahre in der Familie zu behalten, denn die Großmutter hatte sie von ihren Großeltern geerbt.

Das Faß wurde schon drei Tage vorher besonders sauber gescheuert und dann getrocknet. Die Folge davon war, daß es verschiedene Lecke bekam und während des Kascherns und zu Beginn der Feiertage in der Küche eine heillose Überschwemmung herrschte. Am dritten Tag wurde im Kaschertopf Wasser zum Kochen gebracht und gleichzeitig im Herdfeuer die Kaul rotglühend gemacht. Nun galt es, glühendes Eisen und kochendes Wasser möglichst gleichzeitig ins Faß zu bringen und es so herumzukollern, daß das Faß überall gekaschert wurde.

Das war durchaus nicht ungefährlich, und jedes Jahr bekam die eine oder die andere helfende oder zusehende Person durch das umherspritzende kochende Wasser einen Denkzettel. Wenn das Zischen und Brausen aufgehört hatte, wurde das Faß dreimal mit kaltem Wasser ausgespült und war dann koscher. Das gleiche geschah mit den Kannen.

Diese und ähnliche Prozeduren hatten zur Voraussetzung, daß man im eigenen Haus wohnte, wo einem niemand dreinreden durfte. Als ich dasselbe in meiner Mietwohung in Lemberg vornahm, schickte mir mein sehr liebenswürdiger Hausherr, Baron Romaszkan, der unter mir wohnte, seinen Kammerdiener mit der Bitte, etwas Rücksicht auf ihn zu nehmen, da ihm das Wasser durch den Plafond sickerte. Bei unserer Übersiedlung nach Wien schenkte die liebe Mutter in richtiger Voraussicht, daß man hier keine brauche, die Kaul dem Waisenhaus, mit dem Rat, für das Ausleihen eine kleine Gebühr einzuheben.

Auch die Küchenmöbel wurden gekaschert: Tische, Bänke, Sessel. Dazu wurde wieder im Kaschertopf Wasser aufgekocht, und ein oder zwei Stagl – das waren Bügelbolzen, die in Brody mit dem aus dem Polnischen stammenden Wort Dusches = Seelen benannt wurden – wurden im Herd rotglühend gemacht, und während die eine Person das kochende Wasser aufschüttete, mußte die andere blitzschnell, damit keine Brandflecken entstanden, mit dem Schürhaken, der ins Loch des Bolzens gesteckt war, das glühende Eisen über die Platten führen, und zwar achtsam, daß auch nicht ein kleines Fleckchen unberührt blieb, worauf die Sachen dreimal mit kaltem Wasser abgespült wurden.

Das war auch nicht sehr leicht, und mehr als einmal hat sich meine arme Therese, die nicht so flink war wie ich, ordentlich verbrüht, wenn sie das Wasser auf statt unter das Eisen schüttete. Ich übte den Brauch nämlich noch jahrelang in Wien, bis ich von der Firma Lourié eigens für jedes Möbelstück zugeschnittene Bretter geschenkt bekam, die einfach auf die nicht gekascherten Sachen aufgelegt wurden. Das war sehr bequem, aber ein Hauptreiz des »Jontew-Machens« ist durch den Wegfall dieser aufreizenden Prozedur doch dahin.

... Mit zu den interessantesten Pesach-Vorbereitungen gehörte das Stoßen der Mazzes in der Stippe zu Grieß, den man heutzutage ebenso fertig kauft wie die Mazzes. Die Stippe, auch so ein uraltes Erbstück wie die Kaul, war ein Holzmörser, ungefähr halb mannshoch aus einem Baumstamm gehöhlt, außen mit einigen sehr primitiven Schnitzereien verziert, innen mit Eisen beschlagen. Der Stößel dazu war eine sehr schwere Holzkeule, die am unteren Ende ebenfalls mit Eisen beschlagen war.

Mir fiel die Aufgabe zu, aus der großen Mazzeskiste die zerbrochenen Stücke herauszufischen, die zum Stoßen verwendet wurden. Der Stroz Pietro bekam eine große, weiße Leinenschürze vorgebunden, die ihn fast ganz einhüllte. Er setzte sich auf einen Stuhl, nahm die Stippe zwischen die Beine und stieß unter meiner Aufsicht so lange, bis alle hierzu bestimmten Gefäße mit Grieß gefüllt waren.

Daß man zum Stoßen der vielen Mazzes die Stippe brauchte, weil ein gewöhnlicher Mörser nicht ausgereicht hätte, ist klar. Weshalb aber die jontewdike Kaffeemühle der Großmutter von so phantastischer Größe war – die Mutter hatte eine ganz gewöhnliche – weiß ich nicht. Diese Mühle war an einer Holzbank festgemacht, auf die sich der Meschores rittlings setzte und den Kaffee gleich für mehrere Tage mahlte. Während man sonst auf frischgemahlenen Kaffee großes Gewicht legte, begnügte man sich gerade an den Feiertagen mit dem auf Vorrat gemahlenen, ausgewitterten.

Ich kann mir das nur so erklären, daß auch diese Kaffeemühle aus dem Elternhause der Großmutter stammte und die sonst so außerordentlich praktische Frau aus Pietät diese furchtbar unpraktische Maschine gebrauchte. Die Großmutter war auf ihre rabbinischen Vorfahren so unendlich stolz, daß sie stets bestrebt war, in allem und jedem die Tradition der Familie zu wahren.

Christian Graf

wurde im März 1888 in Tübingen als erstes von zwei Kindern geboren. Sein Vater – er starb 1892 – arbeitete in einer Ziegelei, seine Mutter war als Wäscherin tätig. 1902 bis 1905 machte Christian Graf eine Lehre als Schriftsetzer, begab sich danach auf die Walz, die ihn über Heilbronn nach Mannheim, Ludwigshafen, Bad Dürkheim, Kaiserslautern bis nach Lothringen führte. Später arbeitete er als Buchdrucker und Schriftsetzer in Saarbrücken, Basel und Arbon am Bodensee.

Während des Ersten Weltkriegs war er im von Deutschen besetzten Belgien bei einer Bewachungskompanie als Hundeführer stationiert, worüber auch der folgende Auszug aus den Lebenserinnerungen berichtet. Danach arbeitete er bis 1923 beim Versorgungsamt Reutlingen, anschließend bis zu seiner Pensionierung im Jahre 1953 wieder als Schriftsetzer.

Seine etwa 140 Seiten umfassenden Lebenserinnerungen reichen von 1890 bis 1969. Im Jahr 1979 schickte er sie Prof. Bernd Jürgen Warneken, dem Leiter des Erzählarchivs Tübingen an der dortigen Universität.

Ulanenhäcksel und Kälberzähne

... Bald nach meiner Entlassung aus dem Revier, so um Mitte März, kam ich zum Patrouillendienst. Für die Kommandantur mußten wir Aufträge bei Bürgermeistern und Privaten im ganzen Kreis erledigen. Diese Posten waren begehrt, man war vom Kompaniebetrieb weg, kam unter die Leute und sah etwas. In der Frühe zog man los und kam manchmal spät abends zurück und mußte damit rechnen, daß die Küche geschlossen war, daß es also kein Essen mehr gab. Aber tagsüber war man sein freier Herr, und das wog einiges auf.

Aus meinem Brief an meine Mutter vom 13.4.1917 will ich einiges wiedergeben:

»... Rheumatismus ist allerdings auch keine angenehme Sache. Auch ich bin in letzter Zeit viel damit geplagt worden. Am 20. März, auf einer größeren Patrouille, hat es bei mir angefangen. Ich konnte dort das linke Knie nicht mehr beugen und mußte noch einen Weg von zwanzig Kilometern zurücklegen, um wieder heimzukommen.

Dazu hatte es noch Schnee, daß man kaum gehen konnte. Ich habe es dann einige Tage ununterbrochen gehabt. Kaum konnte ich die Treppen emporklettern. Jetzt ist es aber wieder etwas besser, aber noch nicht ganz. Immer wieder habe ich Schmerzen in den Knien. Meine Patrouillen mache ich aber trotzdem.

... In den letzten Tagen habe ich wenig Eier für mich kaufen müssen. Ich habe eine ganze Anzahl geschenkt erhalten. Eine Frau, bei der wir um Eier anfragten, meinte, sie wolle uns die Eier gleich backen, dann brauchen wir es zu Hause nicht machen. Wir waren damit einverstanden und haben mit Speck gebratene Eier mit Butterbrot gegessen und Kaffee getrunken. Selbstverständlich umsonst.

Oft hat man auch Patrouillentage, wo man sehr schön leben kann. Bei meiner vorletzten Patrouille hatte ich bis mittags zwölf Uhr nicht weniger als viermal Kaffee getrunken und Butterbrot dazu gegessen. Und erst gestern. Wir mußten Strafgelder einziehen bei Bauern, die keine oder zu wenig Butter an die Zentralstelle abgeliefert hatten, lauter Beträge von 5 bis 25 Mark. Es waren ungefähr 25 Höfe, und fast in jedem wurde uns zu essen angeboten. Wir mußten es des öfteren abschlagen.

Immerhin habe ich soviel gegessen, als überhaupt möglich war, und habe etwas Brot und Eier mit nach Hause genommen. An diesem Tag bin ich morgens um sechs Uhr fort und abends um zehn Uhr heimgekommen, natürlich sehr müde. Die Touren sind glücklicherweise nicht immer so groß, aber leider auch nicht immer so gut. Ein Tag viel zu essen, ein Tag wenig. Etwas gibt's aber fast immer.

Manchmal gehen wir auch schon abends los. Marschieren vielleicht zehn Kilometer, revidieren in irgendeinem Dorf die Ställe, ob die Bauern Getreide und Kartoffeln an das Vieh und die Schweine verfüttern. Das wird schwer bestraft – einige Kilo Kartoffeln 200 bis 300 Mark. Glücklicherweise habe ich noch niemand dabei erwischt. Ich würde die Leute recht ungern anzeigen. Allerdings darf das nicht geduldet werden. Zuerst kommen die Menschen und dann das Vieh. Wenn wir so fortgehen, übernachten wir bei irgendeinem Bauern, und morgens revidieren wir dann unvermutet die Ställe und dann geht's weiter.

Ich mache meistens einen Tag Patrouille und den andern Tag hab' ich dann Ruhe. So gefällt es mir ganz gut. Vom 15. April an bekommen auch wir weniger Brot, das heißt, das Brot, das bisher zweieinhalb Tage reichen mußte, muß jetzt drei Tage reichen. Das ist viel zu wenig.

Wenn man Hunger hat, kann man so ein Brot bequem in einem Tag aufessen. ...«

... Eine Hauptaufgabe der Kompanie war die Bewachung der Bahnstrecke Richtung Libramont und Richtung Gouvy. In diesem Gebiet waren die Kompanien des Bataillons verteilt. In Bastogne war eine Wache am Süd- und eine Wache am Nordbahnhof. Diese Wachen wurden jeweils mittags 12 Uhr abgelöst. Weiters stand ein Posten an der Unterkunft im Schulhaus und ein weiterer bei General Aufschläger.

Hier wurde zweistündig abgelöst. Am Süd- und Nordbahnhof habe ich Gleispatrouille gemacht bei Regen und Schnee, und am Schulhaus und beim General bin ich Posten gestanden in kalter Winternacht und habe trotz Pelzmantel und Pelzstiefeln gefroren. Manche Kameraden kamen von dem Wache- und Postenschieben nicht los. Ich hatte Glück, warum weiß ich nicht, immer nur gelegentlich an diese wenig beliebte Funktion zu kommen.

Am 9.4. war es wieder einmal soweit. Bei dieser Gelegenheit entdeckte ich am Südbahnhof einen Waggon mit Kartoffeln, auf die wir, wie auf alles andere auch, aufpassen sollten. Aus diesem Waggon habe ich mit noch einem Kameraden geholt, was wir brauchten, man kann auch sagen gestohlen. Auf dem Bahnhof stand manchmal auch ein Waggon mit mächtig aufgeblähten Pferdekadavern, die für die Kadaververwertungsanstalt in Libramont bestimmt waren.

Ein Soldat, ein Pole mit dem guten deutschen Namen Krebs, hatte sich jedenfalls gedacht: »Hier liegt Fleisch in Menge, und wir bekommen keines!« In der Dunkelheit hat er sich ein großes Stück von so einem Kadaver abgesäbelt. Da das aus gesundheitlichen Gründen nicht sein durfte, wurde das von jemandem gemeldet. Er leugnete, aber bei der Durchsuchung seines Bettes wurde der große Lappen am Fußende seines Strohsackes zutage gefördert. Nun war es mit dem Roßbeef nichts.

Wir hatten, nachdem die Bergleute entlassen wurden, etwa dreißig Polen aus Schlesien erhalten, die meistens schlecht deutsch sprachen, sich auf den Stuben zusammensetzten und sich auf polnisch unterhielten. Es waren meistens Landwirte oder Landarbeiter. Sie bekamen von zu Hause die meisten Pakete. Für Leute, die sich neben dem Kompaniefutter nichts Zusätzliches beschaffen konnten, war das eine üble Zeit.

Bei einem Abendappell der Kompanie im Hofe der Patronage, wo die Schreibstube war, fiel oben in den Unterkunftsräumen ein Schuß. Der Kompanieführer, Oberleutnant Meyer, schickte einen Unteroffizier hinauf zum Nachsehen. Dieser kam zurück und meldete, daß sich Landsturmmann Schulze erschossen hatte. Dies war aber nicht der erste und nicht der letzte Fall.

Meiner Mutter schrieb ich unterm 20.4.1917:

»... Am 15.4. bin ich zu einem Streifenkommando kommandiert worden. Wir leben seither wie die Zigeuner. Für Essen müssen wir selbst sorgen. Niemand kümmert sich darum. Meistens gibt es nur Kartoffeln. Wir durchstreifen hier die Wälder, die es in großer Ausdehnung gibt. An und für sich ist die Sache ganz schön. In etlichen Wochen kommen wir wieder zur Kompanie nach Bastnach.«

Bei einem solchen Streifzug wurde am Fuße eines

Bergzuges in Schützenlinie ausgeschwärmt angetreten, die Hundeführer fünfzig Meter vor der Front. Das ging am Anfang ganz gut. Je mehr sich die Schützenlinie von allen Seiten in die Höhe arbeitete, desto mehr wurde das Wild zusammengetrieben und brach nach allen Seiten aus. Da gab es für meinen Hund kein Halten mehr, er stürmte los. Überall knallte es, in der Höhe und im Tal. Ich mußte ohne Hund ins Quartier zurück.

Nach zwei Tagen wurde er mir von einem Angehörigen des schlesischen Bataillons Bunzlau, wo er zugelaufen war, zurückgebracht. An seiner zerschundenen Schnauze sah ich, daß er Abenteuer gehabt hatte. Bei dieser Gelegenheit konnte ich, wie schon früher, feststellen, daß auch die beste Dressur nicht in der Lage ist, einem deutschen Schäferhund die Wolfsnatur auszutreiben. Übrigens waren für meinen Hund die Tage bei der Kompanie gezählt. Auf höheren Befehl mußten die Patrouillenhunde abgegeben werden.

In dieser Zeit kam der bisherige Kompanieführer Hauptmann Renau, nachdem er einige Zeit vorher das EK 2, das er, wie er sagte, für uns erhalten hatte, fort, jedenfalls heim auf sein Gut. Dafür kam Hauptmann Graf Pfeil, ein schlesischer Graf, der, wie man erfahren hatte, eine gesellschaftliche Vergangenheit hatte. Dieser kümmerte sich mehr um die Verpflegung als sein Vorgänger, und der Küchenbulle konnte außer dem üblichen Ulanenhäcksel und den Kälberzähnen auch mal etwas Gebratenes liefern. Graf Pfeil machte es nichts aus, in der Kantine bei einem Bier, wenn welches vorhanden war, zwischen den Landsern zu sitzen und sich mit ihnen zu unterhalten.

... Am 12.6.1917 gab es wieder willkommene Abwechslung. Ich wurde mit drei Kameraden zur Feldgendarmerie nach Amberloup, einem kleinen Ort zwanzig Kilometer von Bastnach, also von der Kompanie entfernt, versetzt. Der Ort ist mit der Kleinbahn zu erreichen. Hier waren schon drei berittene bayerische Kavalleristen und zwei Mann von unserer Kompanie mit Fahrrädern. Diese lebten beisammen in einem Gebäude. Wir vier Neuzukömmlinge richteten uns im Wartesaal der Kleinbahn häuslich ein, zum Schlafen war jeder bei einem Bauern einquartiert.

Meiner Mutter schrieb ich am 16.6.1917:

»Der Dienst ist der schönste, den ich bisher gehabt habe. Wir machen jeden Tag mit dem Fahrrad eine Tour von fünf bis sechs Stunden, dann sind wir fertig und können machen, was wir wollen. Die Gegend ist prächtig, schöne ausgedehnte Waldungen, Berg und Tal. Es ist, als ob ich im Frieden eine Sonntagstour in den Schwarzwald machen würde. Dieser Dienst würde mir selbst nach dem Krieg nicht mißfallen. Bis in vierzehn Tagen gibt es hier Heidelbeeren in Hülle und Fülle.«

Wir hatten Selbstverpflegung und bekamen dafür täglich 3,30 Mark. Das Kommißbrot mußte bei der Kompanie geholt werden.

Am 9.8.1917 schrieb ich meiner Mutter:

»... Solange ich hier bin, brauche ich keinen Hunger leiden. Bei der Kompanie ist das allerdings anders. Aber hier gehört uns das ganze weite Feld ringsumher. Verkaufen uns die Bauern nichts, dann holen wir, was wir brauchen, eben da, wo es ist. Ich glaube, mancher Professor würde es nicht verschmähen, mit uns am Tische zu sitzen.

Heute abend haben wir zu viert zehn Gurken eingeschnitten, mit einem halben Liter Rahm und gebräuntem Mehl gut angemacht, dazu gesottene Kartoffeln gefuttert, und zwar so viel, daß wir kaum wackeln konnten.

Heute Mittag gab's junge Kohlrüben mit Kartoffeln, die waren so fein, daß man sie mit der Zunge zerdrücken konnte. An Butter wurde nicht gespart, wir haben's ja nicht wie die armen Leute. Gestern abend haben wir Pfifferlinge gemacht, natürlich ordentlich Butter gedämpft und einige Eier darübergeschlagen. Mancher Liebhaber hätte da gerne drei Mark bezahlt, wenn er eine Portion davon hätte bekommen können. Die Pilze habe ich erst bei den Soldaten kennen- und schätzen gelernt. Wenn ich hier noch ein halbes Jahr sein könnte, würde ich wieder in meine frühere Form kommen.«

Meinen Kameraden wollte ich einmal zeigen, wie man schwäbische Spätzle macht. An Eiern für den Teig habe ich nicht gespart. Das Resultat war aber nur eine Eierteigsuppe. Wir hatten hier die Möglichkeit, gut zu leben, andernorts mußten die Leute Hunger leiden. Aus den Städten, besonders von Lüttich, kamen die Leute aufs Land, um zu hamstern. Das war verboten, und wir sollten das unterbinden und gehamsterte Sachen abnehmen. Ich habe die armen Teufel laufen lassen. In Deutschland bekamen die Leute um diese Zeit pro Tag ein Pfund Kartoffeln auf den Kopf, in Belgien 190 Gramm, das ist eine mittelgroße Kartoffel. Das war ein wenig mehr als nichts.

Was wir machten, war keineswegs immer Rechtens. Ich und ein Kamerad wollten uns nach Wildbret umsehen.

In den herrlichen Wäldern, die zum Jagdgebiet des Königs von Belgien gehörten, war noch kein Mangel davon. Es wäre uns beinahe gelungen, einen Hirsch zu schießen, aber glücklicherweise nur beinahe. Wir beide waren schon in die Knie gegangen und hatten das Gewehr angelegt. Da krachte in nächster Nähe ein Schuß.

Keine fünfzig Meter von uns entfernt war ein Hochstand. Vermutlich hatte ein Offizier geschossen. Wir verdrückten uns so schnell und geräuschlos wie möglich. Noch ein oder zwei Sekunden, dann wären unsere Schüsse gefallen. Und was dann passiert wäre? Wir hatten also Glück gehabt. Gedacht war von uns die Sache so: Wir schießen ein Tier, dann geht einer zurück und meldet das, dann kommen alle mit Rucksäcken, das wären immerhin sieben gewesen, und holen die Beute. So mußten wir weiterhin vegetarisch leben. Gelegentlich gab's Forellen, die einer von uns vier mit einem Zivilisten gemeinsam fing.

So um den 20. August 1917 herum konnte ich schwer bepackt in Urlaub fahren, wo ich dank der Fürsorge meiner Mutter gute Tage verleben konnte. Besonders habe ich mir wieder einmal den Most munden lassen. Zurück zur Kompanie kam ich wieder am 7. September. Leider war das Kommando in Amberloup inzwischen aufgelöst worden, und ich war zunächst wieder einmal bei der Kompanie. Die schönen und nahrhaften Tage waren bis auf weiteres vorbei. Am 20. September, also 14 Tage nach meinem Urlaub, schrieb ich meiner Mutter:

»So mißfallen wie in dieser Zeit ist mir das Sklavenleben schon lange nicht mehr. Einmal behagt mir der

Dienst ganz und gar nicht, dann muß man sich wieder über die Herren Unteroffiziere und die Herren Gefreiten ärgern, von denen sich einer wichtiger machen will als der andere, und dann ist es wieder das elende, geschmacklose, gleichförmige Suppenfressen, das einem die gute Laune verdirbt.«

Josef Svoboda

wurde am 22. Juni 1890 im südwestlichen Teil Mährens im Dorf Radnovice bei Nové Mesto als Sohn einer Kleinbauernfamilie geboren. Trotz bescheidener materieller Verhältnisse hat er die »K. u. K. Staatliche Höhere Realschule« absolviert. Nach der Matura wollte er im Finanzamt arbeiten, ergänzte aber, nach mehrjährigem Warten auf eine offizielle Postenzuteilung, seine Ausbildung und wurde Lehrer. Später war er Direktor einer Schule. Josef Svoboda ist 1977 gestorben.

Seine zwischen 1935 und 1962 verfaßten Lebenserinnerungen »Die Blätter einer Chronik – Die Geschichte einer Generation« umfassen nahezu 800 Seiten. Eine Kopie des Originals übergab Dipl.-Ing. Dr. Miloslav Svoboda, der Sohn Josef Svobodas, der Dokumentation lebensgeschichtlicher Aufzeichnungen in Prag. Weitere Auszüge werden demnächst in einem autobiographischen Sammelband zum Thema »Kindheit in Böhmen und Mähren« in der Reihe »Damit es nicht verlorengeht ...« veröffentlicht. Die Übersetzung des folgenden Textes besorgte Dr. Jana Losová.

Im Alltag gab es am Morgen Krautsuppe und Erdäpfel

... Nach Martini, wenn draußen alle Arbeiten beendet waren und es spürbar abkühlte, sprach man in meiner Kindheit etwa dreimal vom Schlachten. Das war bei uns ein großes Ereignis, wenn es sich finanziell ausging und das Schwein zu Hause konsumiert werden konnte. Das war immer ein Freuen und ein Wünschen, daß es schon endlich friert und schneit, damit die Leckerbissen vom Schlachten auch lange hielten.

Am meisten freute ich mich, und jeder Tag vor dem Schlachten dauerte für mich eine ganze Ewigkeit. Am letzten Sonntag vor dem Schlachten kamen gewöhnlich der Taufpate und der Onkel zur »Kommission«, um das Gewicht des Verurteilten zu taxieren. Danach wurde ein Holzvorrat vorbereitet, Spieße für Leberwurst und Blutwurst gemacht, Messer gewetzt. Die Mutter und die Schwestern zerdrückten Pfeffer und verschiedenerlei Gewürze, bereiteten Häfen, Salz, Knoblauch, Zwiebeln und anderes vor.

Am festgesetzten Tag kamen zeitig in der Früh die obengenannten »Assistenten«. Mutter hatte schon auf dem ganzen Herd Häfen voll mit kochendem Wasser vorbereitet, als auch ich – Wunder aller Wunder – ohne Aufwecken aus dem Bett fuhr und mich schnell anzog, um beim Abstechen zu helfen, indem ich das Schwänzchen des Schweins hielt, das mir gekocht als Belohnung versprochen wurde.

Gegen Abend, wenn alle Arbeiten beendet waren, trugen meine Schwestern viele »Gastgeschenke« für die Nachbarn aus, etwa an acht bis zehn Plätze: Krenfleischsuppe, ein Stückchen Krenfleisch, Leber- und Blutwürste. Spät am Abend konnte endlich das »Hinrichtungskommando« zur verdienten Ruhe auseinandergehen, nicht nur von der Arbeit entkräftet, sondern auch vom Trunk überwältigt.

Am nächsten Sonntag kamen die »Assistenten« zu einem Plausch wieder. Da erwartete sie im Rohr schon ein Schweinsbraten mit Knödeln und Sauerkraut. Bei einem guten Tropfen, für den man solidarisch zusammengelegt hatte, wurde dann allerhand erzählt.

Damit es gut ablag, wurde das Fleisch in einem Schaffel zusammengelegt und gehörig mit Knoblauch bestrichen. Das Fett wurde ausgelassen und in Töpfe gegossen, auf deren Böden feine und knusprige Speckgrieben lagen. Ich freute mich dann später noch auf das »schwarze« Fleisch, das mein Vater zu Hause im Durchstiegkamin auf einem Hängerechen räucherte. Mit dem Geräucherten wurde aber schon gespart, damit es bis zu den letzten Faschingstagen ausreichte. Außer am Schlachtfest gab es bei uns Fleisch nur am Sonn- oder Feiertag zum Mittagessen.

Ab und zu kaufte Vater um einen Pappenstiel beim Fleischhauer Kuttelflecke. Das sind die gesamten Verdauungsorgane eines Rindes. Das aßen wir, verschiedenartig zubereitet, dann fast die ganze Woche. Hie und da gab es bei einigen Leuten eine Notschlachtung. Da konnte man dann verhältnismäßig billig Fleisch kaufen. In so einem Fall gab es ausnahmsweise auch am Wochentag Fleisch.

Eines Abends brachte uns die Godl zum Kosten ein Tellerchen mit Fohlengulasch. Ich erinnere mich, wie wir – der Vater und ich – es uns schmecken ließen. Danach hatte ich aber einen Riesendurst, denn darin war zuviel scharfer Paprika. Die Mutter und meine beiden Schwestern aßen dieses Gulasch nicht, weil sie sich vor Pferdefleisch ekelten. Ich war gerade das Gegenteil.

Immer wenn ich am Sonntag mit meinem Vater in die Kirche ging, schielte ich an der Zdarská Straße zum Geschäft des Pferdefleischhauers Koroptvička, wo an Stangen ganze Reihen von langen Wursteln hingen, und das Wasser lief mir im Mund zusammen. Einige Male kaufte mir der Vater welche, und dann ließ ich sie mir zu Hause aufgewärmt wohlschmecken. Zwei Stück kosteten fünf Kreuzer. An Jahrmärkten wärmte Koroptvička sie am Ring und warb die Kunden mit dem Zuruf: »Heiße, Heiße, zwei zu fünf, zwei zu fünf!«

Am Sonntag gingen die Eltern regelmäßig zur Heiligen Frühmesse und brachten mir immer ein großes Mohnkipferl um zwei Kreuzer mit. Wenn der Vater fertige Weberware nach Nové Mesto lieferte, brachte er mir ein Tütchen voll mit billigen Zuckerln. Wenn die Schweine oder Rinder gut verkauft wurden, bekam ich ein Stückchen Wurst oder ein Paar Würstel.

Ab und zu am Abend kauften mir die Eltern um einen Kreuzer ein kleines Scheibchen Weißbrot. Zu Hause gab es nur Schwarzbrot und oft sogar das nicht. Wenn es kein Brot gab, backte die Mutter in der Bratröhre Erdäpfel. Die schmalzte sie ein bißchen und bestreute sie mit Mohn, der mit dem Stiel der großen Axt in einem Eisenmörser gestoßen wurde. Kolatschen oder, besser gesagt, Buchteln mit Mohn oder Topfen gab es nur zu Festtagen, und diese backte die Mutter im Backofen.

Im Alltag gab es am Morgen Krautsuppe und Erdäpfel, welche die Mutter noch dampfend auf den Tisch stellte. Jeder mußte sich einige mit dem Löffelgriff abschälen und vor sich ein Häufchen aufrichten. Dann schüttete jeder vor sich ein Häufchen Salz auf den Tisch, salzte die Erdäpfel und aß sie zur Suppe, die man aus der gemeinsamen, in der Mitte des Tisches stehenden Schüssel löffelte. Zu Mittag gab es die Erdäpfelsuppe und Brei, Sterz, Soße usw., je nach der Erfindungskraft der Mutter und den zur Verfügung stehenden Vorräten. Zum Abendessen gab es klare Suppe und Erdäpfel, im Sommer Milch und Erdäpfel.

Die ganze Woche war bei uns fleischlos. Nach sechs Tagen des mageren Essens gab es am Sonntag Fleischsuppe mit Erdäpfeln, gefärbt mit Safran, ein Kilo Schweinsbraten mit Kraut und Knödeln und zum Abendessen die Reste vom Mittagessen. Nach dem Schlachten gab es am Sonntag gekochte Haut mit Karotten oder Rüben, sonst Kaffee und Brot, was es an diesem Tag manchmal auch zum Frühstück gegeben hatte.

Ich erinnere mich gut, daß ich immer am Sonntag, wenn Mutti mich weckte, fragte, was es zum Frühstück gibt. Wenn es Kaffee gab, dann war ich sofort beim Backofen unten. Sehr schwer stand ich auf, wenn es eingebrannte oder saure Suppe gab.

Am Heiligen Abend gab es bei uns kein Mittagessen, damit wir »das goldene Schweinchen sehen« konnten. Das Abendessen war früher als gewöhnlich. Es gab Pilzsuppe, Brei, einen Apfel und eine Handvoll Nüsse. Die Reste des Abendessens erhielten der Hund, die Katze und auch die Kühe.

Vor jeder Mahlzeit beteten wir gemeinsam das »Vaterunser« und »Gegrüßet seist Du Maria«, nach dem Essen bekreuzigten wir uns und sagten »Vergelt's Gott«.

Am Freitag oder Samstag »rührte« die Mutter, das heißt sie schlug, den Rahm, den sie die ganze Woche aus der Milch, die sich in den großen Steinguttöpfen abgesetzt hatte, abschöpfte und in einem Schöpfgefäß, einem großen Steinguthäfen, der einen großen Schnabel und oben ein Querholz hatte, sammelte. Das geschah in einem Butterfaß, das mit Welle und Kurbel sowie zwei Öffnungen ausgestattet war.

Vor dem Buttern spülte die Mutter das Butterfaß mit heißem Wasser aus und schwenkte es anschließend mit kaltem Wasser. Danach segnete sie das Butterfaß und goß durch die große Öffnung aus dem Schöpfgefäß den Rahm hinein. Sie stopfte dann die große Öffnung mit einem besonderen Pfropfen zu und verschnürte ihn mit sauberem Spagat, damit kein Rahm herausfließen konnte. Die kleine Öffnung stopfte sie ebenfalls mit einem Pfropfen zu.

Dann bekreuzigte sie sich und begann, die Kurbel abwechselnd hin- und herzudrehen. Von Zeit zu Zeit entwich aus der kleinen Öffnung von drinnen Luft. Manchmal früher, manchmal später stockte das Fett zu kleineren und größeren Klumpen. Es folgten das Sieben und dann das Kneten der Butter in einer Schüssel zu einem großen Ziegel.

Entweder brachte man die Butter zu einer Zwischenhändlerin, oder die Schwestern brachten sie nach Nové Mesto, um sie in einem Geschäft zu verkaufen. Daheim wurde nur wenig zum Bestreichen der Speisen aufbewahrt. Beim Sieben bekam ich gewöhnlich von der Mutter ein Stückchen Butter, sozusagen als Aufstrich auf eine Schnitte Brot.

Bei uns zu Hause war es bescheiden, ärmlich, aber schön, auch wenn unser Tisch kein Tischtuch hatte.

Doch die darauf dampfenden Erdäpfel, Teller mit Suppe, ein Reindl mit gebackenem Hirsebrei, verziert mit einer Rahmkruste, oder ein Erdäpfelschmarrn mit Mohn bestreut und in der Schüssel in der Mitte des Tisches angerichtet – all das hatte so etwas wie einen gewissen Zauber der Heimat in sich, und wir waren zufrieden.

Petr Den

wurde am 3. April 1898 in der Podskalsky-Mühle nahe des ostböhmischen Städtchens Kolín als erstes von vier Kindern geboren und hieß mit bürgerlichem Namen Ladislav Radimský. Seine Familie, deren Vermögen bei der Machtübernahme der Kommunisten 1948 verstaatlicht wurde, gehörte dem tschechischen Landadel an.

Nach seinem Jurastudium an der Karls-Universität in Prag arbeitete Petr Den im Ministerium für Auswärtige Angelegenheiten der Tschechoslowakei. Nach dem Münchner Abkommen mußte er von seinem Amt zurücktreten, engagierte sich aber gleich nach Ende des Zweiten Weltkrieges bei der UNO in London beziehungsweise in New York, wo er bis zu seinem Tod, 1970, lebte.

Gleichzeitig widmete er sich dem Schreiben und veröffentlichte mehrere literarisch-politische Essay-Bände sowie das in tschechischer Sprache publizierte Buch »Freude in Veselí«, welches Erinnerungen an seine Großmutter Babetta Buvová enthält und 1960 in Rom erschienen ist. Daraus wurde der folgende Beitrag ausgewählt, der aber im Original kein eigenständiges Kapitel darstellt.

Ein Exemplar des Buches schickte Marianna Fragnerová, die Schwester des Autors, nach einem Aufruf im Jahr 1992 in der tschechischen Tageszeitung »Lidové noviný« an die Dokumentation lebensgeschichtlicher Aufzeichnungen in Prag. Ihre eigenen Kindheitserinnerungen erscheinen demnächst in einem autobiographischen Sammelband zum Thema »Kindheit in Böhmen und Mäh-

ren« in der Reihe »Damit es nicht verlorengeht ...« Die Übersetzung der folgenden Geschichte stammt von Dr. Jana Losová.

Großmamas Kochbuch

... Es war selbstverständlich keine Kleinigkeit, das hochfestliche Mittagessen für so viele Gäste zu kochen, die zu uns am Ostersonntag immer kamen. Da mußte Großmama auf das Hochamt verzichten und schon zur Mette um sechs gehen, damit alle Vorbereitungen des feierlichen Mittagsmahles beaufsichtigt werden konnten.

Großmama war eine leidenschaftliche Anhängerin der Kochkunst von Magdalena Dobromila Rettigová sowie deren Patriotismus. Beides, und dies nicht ganz zu Unrecht, war in ihrem Sinn ein untrennbares Ganzes. Sie schätzte die wertvollen Rezepte, die sie von den Familien Palacký, Rieger oder Braf bekommen hatte.

Denn all diese waren mit Fortschritt und Patriotismus verbunden. Eine Torte zu backen, die Doktor Rieger liebte, war für unsere Großmama eine Tat des nationalen Bewußtseins. »Wenn die Frauen aufhören zu kochen«, pflegte Großmama zu sagen, »wird's Schluß mit der Kultur sein. Die Kultur begann am Herd. Bedenke, Petr, daß alle großen Persönlichkeiten einen guten Bissen liebten und auch zu Hause solche Frauen hatten, die zu kochen wußten. Was ein Mann mit Feder oder Schwert leistet, das leistet eine Frau mit einem Kochlöffel.«

Ich möchte Ihnen wünschen, die Küche in Veselí ein paar Stunden vor dem hochfestlichen Mittagessen am

Ostersonntag zu sehen. Nána, unsere Kinderfrau, steht am Kochherd, rührt in zehn Töpfen gleichzeitig und kostet immerzu. In einer Ecke rupft ein Mädchen Hühner, in der anderen Ecke sitzt eine am Boden, mit einer Schüssel zwischen den ausgestreckten Beinen und streicht Mohn. Eine andere bringt einen Milchtopf aus dem Keller, der alte Durchánek schleppt einen Armvoll Salat und Kohlrabi.

... Und über all dem herrscht unsere Großmutter mit ihrer Schürze, in der Hand das Kochbuch von Frau Rettigová – welches sie liebevoll ›Retiska‹ nannte – und erteilt Befehle rechts und links, wie Napoleon bei Marengo. Großmamas Kochbuch! Das war ein Schatz. Es war alt, gelb, hie und da mit Mayonnaise oder Portwein bekleckst. Wenn man es in die Hände nahm, wenn auch mit Bedacht, fast wie ein Heiligtum, sind davon allerhand heilige Bilder von Lourdes und Svatá Hora gefallen und auch ein Bild des heiligen Antonius.

Das mußte im Buch sein, damit man nicht vergißt, etwas Wichtiges in den Pudding »Diplomatique« oder in die »Polnische« Soße hineinzutun. Es sind auch Handschriften herausgefallen, Rezepte von bedeutenden Persönlichkeiten geschrieben, wie zum Beispiel vom Professor Thomayer oder vom Professor Deyl, oder wenigstens von Tante Cicvárková, die noch eine Zeugin des achtzehnten Jahrhunderts war.

Stellen Sie sich nicht vor, daß Großmamas Küche in Veselí etwas Provinzielles war. Ach wo! In dieser Küche trafen Sachen aus der ganzen Welt zusammen. Schon lange vor unserer Ankunft saß Großmama an ihrem Schreibtisch und bestellte aus nah und fern und in beiden Landessprachen.

Nicht nur Schaumröllchen von Hořice, Lebkuchenspezialitäten von Miletín – die wir »Miletíns Gebetbüchelchen« nannten –, Zwieback von Herrn Jína aus Lomnice am Fluß Popelka, sondern im Herbst auch noch Krammetsvögel von Semily, Champignons von der Firma Lippert in Prag und kandiertes Obst direkt aus Bozen.

Die Vorratskammer neben der Küche war ein großer Raum, in dem Hunderte von Schubladen waren, wie in einem Kaufmannsladen. Da waren ganze Säcke voll von Dörräpfelscheiben und Dörrzwetschken. Da roch es nach Gewürzen aus der ganzen Welt, und da stand auch ein großes Eiergestell, in dem die Eier in Reihen wie Soldaten zur Schlacht bereitstanden. Großmutter, ihrer hohen Ziele bewußt, hat damit nie gespart. Acht, zehn Eier in etwas hineinzuschlagen war für sie die natürlichste Sache auf der Welt.

Noch heute rieche ich den geheimnisvollen Duft in Großmamas Speisekammer, die Mischung von Zitronat und getrockneten Pilzen, vom Knoblauch in Netzen, die von der Decke hingen. Da standen auch riesige Gläser mit eingekochten und eingemachten Kompotten, Gurken und Roten Rüben. Hier warteten auch Wermut- und Kalmusschnaps in Gläsern unter der Schweinsblase auf die Zeit ihres Ruhms und ihrer Herrlichkeit.

Selbst das verbotene dreizehnte Gemach aus alten Märchen war für uns weniger geheimnisvoll und begehrenswert als diese Speisekammer unserer Großmama, in die wir alleine nur in seltenen, unbewachten Momenten gelangten, immer nur ganz leise und auf den Zehenspitzen gehend. Gerade in diesem Umstand lag aber für uns der echte Reiz.

... Zum Mittagessen gab es Suppe mit Leberknödelchen, dann Hühner in Mayonnaise, über welche Tante Tony kundgab, daß sie heuer besonders gelungen seien, was Großmama mit hochrotem Gesicht zurückwies. Dann gab's eine Gemüseplatte mit Spargel, gebratenes Lamm mit heurigen Erdäpfeln und Salat, dann Faschingsgebäck und verschiedene Torten, schwarzen Kaffee mit unendlich vielen Nachspeisen: Kompott, Obst und noch vieles andere, was ich schon vergessen habe.

Einmal gingen wir Kinder auf eine Torte zu hitzig los, und wenn uns der Vater zurechtwies, wendete sich Onkel Véni zu mir und fragte, ob ich noch den Spruch kenne, den Herr Palacký seine Kinder lehrte. Gleich habe ich den Spruch stolz rezitiert:

»Kinder, Kinder, eßt mit Maß, denn alles muß durch den Ar ... raus.«

»Schämst du dich nicht, Véni«, zankte streng die Großmama in Deutsch, »solche Wörter Kindern zu ...« – »Ich verstehe Deutsch,« habe ich mit sieghaftem Lächeln bemerkt. »Ich verstehe Deutsch,« wiederholte als mein Echo mein jüngerer Bruder, der überhaupt nichts verstand.

Sonst lief das Mittagessen immer nach Programm: Großpapa saß am Hauptende des Tisches, sagte nichts und lächelte nur. Großmama schalt ihn, daß er mit »Krondorfka«-Schnaps nur seinen Magen verderbe, ärgerte sich über Tante Hebdová, die das zweite Tortenstück ablehnte, und jammerte darüber, daß niemand »nichts« aß.

Margarete Flasch

wurde am 20. Februar 1913 in Payerbach (Niederösterreich) geboren, wo sie mit zwei Geschwistern aufwuchs. Ihr Vater arbeitete als Elektromonteur, ihre Mutter war zuerst Köchin und später Hausfrau.

Margarete Flasch besuchte die Volks- und anschließend die Bürgerschule. 1939 heiratete sie einen Zimmermeister und war nach dem Krieg im Büro ihres Mannes tätig.

Sie wurde aufgrund eines im Februar 1994 in der österreichischen Tageszeitung »Neue Kronen Zeitung« erschienenen Artikels auf die Dokumentation lebensgeschichtlicher Aufzeichnungen in Wien aufmerksam und schickte die hier nahezu vollständig wiedergegebenen Erinnerungen an ihre Kindheit.

Freitags machte Mutter immer einen ihrer herrlichen Strudel

Da sitze ich nun und stricke, bin fast achtzig Jahre alt und laß' mein Leben – meine Jugend – so an mir vorbeiziehen. Meine Jugend war im Durchschnitt ganz einfach, nach heutigen Begriffen ärmlich. Aber war sie das wirklich? Was hat denn die heutige Jugend uns voraus?

Schön und gut! Sie besuchen die Diskos, dürfen heimkommen, wann es ihnen beliebt, haben zahllose mehr oder weniger gute Freunde, verfügen über oft ansehnliche Taschengelder. Außerdem wird nach Möglichkeit jeder Wunsch der Sprößlinge erfüllt.

Was war eigentlich damals für uns Glück und – wenn man es so sagen kann – Kinderunglück? Für mich wenigstens: eine Rüge der Lehrerin, nicht beim Schulausflug mitfahren zu dürfen, weil das doch zuviel Geld gekostet hätte, eine Strafe der Mutter, weil ich ein Häferl zerschlagen oder nicht ordentlich abgewaschen habe.

Mutter war sehr streng, aber heute weiß ich, daß sich ihre Strenge und Vaters Erziehung gelohnt haben. Wir drei, das kann man wohl sagen, sind ordentliche Menschen geworden. Niemals wäre es uns eingefallen, Vater oder Mutter zu kritisieren. Zu meiner Zeit, ich glaube wir waren schon sieben oder acht Jahre alt, lag noch immer die Rute, zwar mehr symbolisch, aber sie lag noch immer und wurde zum Krampus jeweils erneuert, auf der Küchenkredenz.

Ach der Krampus! Alles war tief verschneit. Damals gab's noch viel Schnee, und zwar schon im November. Bereits am Nachmittag hörte man Kettengerassel. Es war ja auch recht zeitig dunkel. Meine Schwester und ich schauten durch das Küchenfenster, ob schon was zu sehen war. Natürlich hatten wir Angst und fürchteten uns. Hie und da war auch schon ein Schrei zu hören. Bei völliger Dunkelheit ging's dann los.

Die Krampusse – verkleidete Fleischhauerburschen – hatten Kuhketten, Felle und Stecken und machten die Straßen unsicher. Auch an unsere Tür wurde mit Ketten gerasselt und mit der Rute geschlagen. Aber da war Vater: »Ist schon recht. Die Kinder waren brav«, sagte er zur Türe hinaus.

Wir waren natürlich längst unterm Bett. Mutter hätte ganz gerne den einen oder anderen Krampus hereingelassen. Sie war da etwas mehr für Strafe und Strenge. Dann kam der Morgen. Nun mußte es sich ja weisen, ob wir brav waren. Und tatsächlich war was in den Schuhen, die wir noch am Abend sauber geputzt vor die Doppeltür gestellt hatten.

Einige Äpfel, Nüsse, getrocknete Zwetschken und ein paar getrocknete Apfelringe. Mutter trocknete immer alles selbst. Aber zu unserem Leidwesen versteckte sie es auch immer gut, bis zum Krampus. Selbstverständlich gab's auch ein Stück Lebkuchen, jedes Kind eines. Aber diese Freude, das Glück von uns Kindern! So einfach, so bescheiden und für heutige Begriffe so arm. Die ganze Vorfreude, das Drumherum und die gewisse vorweihnachtliche Stimmung gibt es so ja gar nicht mehr. Heute sieht man schon im November mitunter die Weihnachtssachen in den Schaufenstern und überall die Weihnachtsmusik in den Supermärkten!

Nein, das hat's in meiner Jugend nicht gegeben. Mit nichts auf der Welt ist dieses schöne, einfache und verlorengegangene Kinderglück einzutauschen oder zu ersetzen. Aber nun war ja erst noch das Christkind zu erwarten!

... Ach unser Christbaum! Er war klein, mehr breit als hoch, aber er stand Jahr für Jahr im Zimmer auf einer roten Plüschtischdecke, und darunter waren die Geschenke. Herrliche warme Hosen, Hemden, ein Paar Strümpfe, eine Kleiderschürze aus Blaudruck, Federn, Bleistifte, Hefte, etwas Wolle für warme Sockerln und ein Teller Bäckerei.

Auf dem Baum hingen an einem Banderl von Mutter selbst gebackene Kekse, einige Stücke Zucker in Wickelpapier und ganz wenig richtige Zuckerln in schön buntem Papier eingewickelt. Engelhaar versteht sich, Kerzen und ganz oben einen Stern. Alles war über die Maßen schön für uns und feierlich. Ach, war das alles für uns wunderbar.

Schon zwei Wochen vorher, wenn Mutter das Nudelbrett runternahm von der Wand in der Küche, wußten wir, ja, nun wird Mutter Kekse machen – oder Nudeln? Das war die Frage! Aber es waren Kekse! Es roch so gut, wenn wir von der Schule erwartungsvoll kamen. Gesehen haben wir die Herrlichkeit nicht. Da war Mutter eisern. »Macht's eure Aufgaben«, hieß es, und damit hatte es sich schon. Nun mußte Warten geübt werden.

Die Bäckerei auf dem Teller unter dem Christbaum für uns Kinder war wohl abgezählt, also hatten wir alle gleich viel. Aber irgendwie gab meine Bäckerei mehr aus oder was es sonst war. Beim Christbaumabräumen wurde auch ganz genau aufgeteilt. Aber ich hatte noch immer was, als meine Schwester mit allem längst fertig war.

Natürlich habe ich versucht, meine Köstlichkeiten zu verstecken. Doch mein Schwesterherz fand alles. Mein Heulen machte auf Mutter gar keinen Eindruck. »Hätt'st halt dazug'schaut zum Essen«, war Mutters Kommentar.

Diese Winter in meiner Kinderzeit, die hatten ihren Namen noch verdient. Überall massenhaft Schnee, weiß und pulverig, herrlich zum Schlittenfahren. Von der Schule aus gab es Wettschlittenfahrten mit kleinen Preisen, natürlich von den Geschäftsleuten gespendet.

Ich selbst war einmal 13. geworden. Dieses Sackerl Zuckerln werde ich nie vergessen. Schon damals war der 13er symbolisch für mich. Beim Rodeln allerdings ging nicht alles immer gut aus. Unser Schlitten war ein solider Zweisitzer, aber keinesfalls war er für so dünne Kinderbeine ideal. Ich erinnere mich, daß ich Mühe hatte, mit den Füßen zu bremsen. Sie reichten ja nicht bis zum Boden. So ließ ich ihn meistens laufen, wie er wollte, und landete halt irgendwo im Schnee. Aber Kinder haben doch wahrhaftig einen Schutzengel.

Ich hatte bestimmt zwei davon. Einen, der die anderen von der Bahn scheuchte, und einen, der mir half, auf dem Schlitten überhaupt sitzen zu bleiben. Meine Schwester war etwas stämmiger, außerdem war sie die weitaus Klügere und ließ sich einfach von der Freundin mitnehmen.

Blauverfroren kamen wir dann heim. Da gab's eine heiße Suppe oder heißen Kaffee mit Marmeladebrot. Unser Kaffee war durchaus für Kinder geeignet. Mutter röstete die Gerste in einer extra Eisenpfanne. Dazu kam etwas Hirse, damit er schön mollig wurde, und auf einen Zweilitertopf eine Handvoll Bohnenkaffee. Das Ganze wurde aufgekocht und dann mit etwas Wasser abgeschreckt, zugedeckt und stehen gelassen, damit sich alles setzen konnte. Zusammen mit Milch war das wirklich gut.

Für heutige Begriffe sicher ein Gesöff. Die Häferln waren groß, wir hatten immer Häferln, denn Mutters schönes Kaffeeservice durfte bei Strafe nicht angerührt werden. Wir hätten es auch nie gewagt! Aber so ein warmes Häferl Kaffee in verfrorenen Kinderhänden, müde vom Schlittenfahren – es wird mir immer unvergessen bleiben.

... Im Winter ging Vater auch fleißig auf die Jagd. Er war ein hervorragender Schütze und wurde von den Jagdherren gerne eingeladen. Am Abend wurde schon der Rucksack gepackt, was meistens mir als der Älteren aufgetragen wurde. Es durfte beileibe nichts vergessen werden. Reservesocken und -handschuhe, alles selbst gestrickt, versteht sich, die Proviantdose mit Brot und Speck.

Zeitig in der Früh füllte die Mutter die Thermosflasche mit heißem Zitronentee, und dann ging Vater hinaus in die klirrende Kälte und den tiefen Schnee mit all unseren guten Wünschen begleitet: von Mutter sicher, daß Vater wieder gut heimkam, von uns Kindern etwas realistischere Wünsche, nämlich, er möge mit einem möglichst großen Hasen heimkommen.

Wurde nämlich viel Wild erlegt, konnte Vater den Hasen billig kaufen und heimbringen. War der Hase da, kam als erstes von Mutter: »Hast du auch Tannenzweigerln zur Beize mitgebracht?« Vater hatte. Der Hase wurde von Vater abgehäutet, dann kunstgerecht zerlegt. Die großen Stücke wurden in die Beize gegeben. Der Kopf und die Innereien wurden zur Suppe gegeben, die Ripperl gebraten. Mutter machte hervorragende Soßen! Mit selbstgemachten Nudeln und selbstgepflückten Preiselbeeren war das ein ausgiebiges und hervorragendes Essen.

Überhaupt, nicht nur Preiselbeeren, auch Himbeeren, Heidelbeeren, Brombeeren wurden von Mutter in großen Gurkengläsern eingekocht. Ich kann mich nicht erinnern, daß je etwas von den Beeren angelaufen war. Mutter gab nur etwas Salizylpulver obenauf, und es hielt. Heidelbeeren wurden auch getrocknet und als Medizin bei Bauchweh an uns verabreicht.

So ein Winterabend auf der Ofenbank. Draußen tiefer Winter, die Küche schön warm, im Herd knisterten die Holzscheite. Das war noch ein gemauerter mit zwei Röhren, oben ein Wasserwandl, dessen Pipe von mir mit »Sidol« immer auf Hochglanz geputzt werden mußte, ein Backrohr darunter, da wurde Essen warmgehalten. Eine Handvoll getrocknete Heidelbeeren zum Naschen, Mutter strickte daneben, ach wie heimelig, wie geborgen fühlten wir uns.

Wenn Vater gut aufgelegt war, wurde bloß eine Kerze angezündet, und Vater machte mit den Fingern auf die Wand so eine Art Schattenspiele. Er konnte Tiere an die Wand zaubern, bloß mit den Fingern, auch einen Mann, eine Hexe, eine Schlange.

... Mitunter griff er sogar zur Ziehharmonika. Manchmal gab's als Abschluß noch ein Knoblauchbrot. Das Brot wurde ganz dünn geschnitten, auf die heiße Herdplatte gelegt, auf beiden Seiten leicht angeröstet, rasch mit Knoblauch eingerieben und mit Fett bestrichen – eine Köstlichkeit.

Für Husten oder Halsweh im Winter hatte Mutter so ihre Hausmittel. Sie ging mit uns Kindern um roten Holler. Daraus machte sie eine Salse. Der Holler wurde dick eingekocht, und bei Bedarf gab's ein Löfferl voll, den wir ganz langsam schlucken mußten. Im Nu war das Halsweh vorbei. Bei starkem Husten und Heiserkeit gab's Maiwipferlsaft. Also da war unser starker Husten nicht immer ganz ehrlich. Denn der Saft schmeckte himmlisch. Mutter setzte in einem Gurkenglas jeweils eine Lage Maiwipferl mit einer Lage Zucker an. Das Ganze wurde dann sechs Wochen auf die sonnige Fensterbank gestellt und dann in Flaschen abgefüllt.

Krank, so richtig schwer krank, waren wir eigentlich nie! Gegen Bauchweh, etwa von unreifen Äpfeln oder Zwetschken, gab's getrocknete Heidelbeeren, gegen Husten und Fieber Lindenblütentee mit Honig, Mutters roten Holler, und ein Fiakerpulver gab's auch noch.

Mitunter gab's an Winterabenden, wenn wir brav waren, auch ein besonderes Grießkoch. Heute bin ich überzeugt, daß Mutter nicht immer aufgelegt war, diese Köstlichkeit zu machen. Ein einfaches Grießkoch mit Zucker obenauf.

Mittlerweile hatte Mutter die Schmarrenschaufel in die Herdglut – es wurde immer nur Holz geheizt – gelegt. War die Schaufel schön heiß, zauberte Mutter ein Gitter auf das Grießkoch. Der Zucker karamelisierte durch die heiße Schaufel, und das Resultat war Karamel. Unvergleichlich köstlich! Versteht sich von selbst, daß zuerst der Karamelzucker abgegessen wurde.

Unsere kindlichen Freuden! Ich glaube, ich war schon zwölf Jahre, da bekam ich ein Märchenbuch. Meine Schwester hatte für Märchen überhaupt nichts übrig. Lesen, Theaterspielen, mit der Puppe spielen fand sie blöd. Lieber war ihr Völkerballspielen, bei Freundinnen in deren Obstgarten herumtollen oder mit Buben auf die höchsten Bäume klettern. Ich saß irgendwo in einem Winkerl und las. Ich konnte nicht genug kriegen. Diese Märchen hatten mich einfach verzaubert.

Da war doch ein Märchen, das ich über alles liebte. Die Prinzessin auf der Erbse. Man denke sich eine Königstochter, die am Tage an das Tor der Königsburg klopfte und maulte, weil nicht rasch genug aufgemacht wurde. Aber da war ja die Frau Königin selbst am Tor und machte auf. »Wie ist das?« sagte die Prinzessin, »ich bin eine Prinzessin und bin ganz naß, und niemand macht mir auf.«

Der Königssohn, der dazukam, war ganz verzaubert von der nassen Prinzessin. Nur die Frau Königin glaubte nicht recht an die Prinzessin. So wie Mütter nie alles glauben, was ihnen so gesagt wird. »Aber«, sprach sie, »das wollen wir schon herauskriegen.« Am Abend, als es zum Schlafen ging, legte die Königin eigenhändig eine Erbse unter die Matratze der Prinzessin.

Am Morgen nun, als die Prinzessin zum Frühstück kam, klagte sie über entsetzliche Schmerzen im Rücken: »Ich habe die ganze Nacht kein Auge zugetan. Ich bin ganz blau am ganzen Körper.« Nun wußte die Frau Königin, das war eine richtige Prinzessin. Durch die Matratze spürte sie noch die eine kleine Erbse. Und da durfte der Königssohn die Prinzessin auch heiraten, und sie waren glücklich bis zum Ende.

Späterhin habe ich das mit der Erbse selbst ausprobiert. Mutter hatte großen Putztag. Die Matratzen waren im Garten ausgelegt. Leider klappte es mit meiner Erbse unter der Matratze gar nicht. Ich spürte einfach nichts. Wahrscheinlich weil ich keine richtige Prinzessin war.

... Freitags machte Mutter immer einen ihrer herrlichen Strudel. Nuß- oder Mohnstrudel, den aber selten, da der Mohn gekauft werden mußte, während die Nüsse von Vater gebracht wurden und eine Tante in Gloggnitz einen eigenen Nußbaum bei ihrem Haus hatte. Mitunter gab's auch einen Marmeladestrudel.

Wir kannten kein Marzipan, keine Orangen, Datteln und derartiges. Aber es soll mir einer was über Mutters Strudeln vormachen. Sie sind für uns Kinder das Herrlichste von allem gewesen. Ich muß gestehen, ich habe den Strudel – mit Germ – niemals so gut gemacht wie Mutter.

Neidlos habe ich in späteren Jahren die Lobeshymnen über Mutters Strudel von meinem Mann angehört. Sicher ganz mit Recht. Ich brachte einfach keinen ordentlichen Germstrudel zustande. Meiner war entweder zu hart oder zu weich, nicht so hoch, nicht so gut, sodaß ich es stillschweigend aufgegeben habe, meinen Mann punkto Germstrudel zufriedenzustellen.

Solange Mutter lebte, hat sie mir die Strudel gemacht, und der Friede war hergestellt. Mutter war ja eine exzellente Köchin, was ihr erlernter Beruf war. Wenn ich nur an ihre herrlichen Suppen denke. Nach den ersten Löffeln Suppe sagte Vater jedes Mal: »Anna« – so hieß Mutter – »du bist die Suppenkönigin.« Komischerweise war ich jedes Mal überaus stolz auf Mutter, so, als hätte das Lob mir gegolten.

Sie konnte auch wirklich gut kochen. Man bedenke die einfachen, bescheidenen Mittel. Aber Mutter trocknete viele Kräuter selbst, nahm eine Prise von dem, eine Prise von dem, keine chemischen Mittel oder, wie es heute der Fall ist, diverse Hilfen.

Wir mußten sparen, und, ich glaube, außer Maggiwürfel und Erbswurst gab es ja auch nichts auf dem Markt. Ihre Soßen waren ein Gedicht. Mutter lehrte uns zwar kochen, aber ich denke, sowas ist direkt eine Begabung wie das Malen oder Schnitzen.

Ich und besonders meine Schwester hatten eine unglaubliche Gabe, uns vor jeder Arbeit zu drücken. Ich als die Ältere mußte dann eben Holz hereintragen, das Küchenkastl putzen, den Herd auf Hochglanz bringen. Vor allem hat Mutter uns frühzeitig auch das Reiben des Küchenbodens beigebracht. Sie hatte da so ihre Methode.

Die ganze Woche oder auch länger wurden die anfallenden Zitronenschalen in einem alten Topf gesammelt, bei Gebrauch mit Wasser begossen und aufgekocht. Das ergab eine herrliche gelbe Lauge. Damit wurde der Boden abgerieben, was einen schönen gelblichen, auf jeden Fall appetitlich sauberen Boden ergab. Die übrigen Böden waren mit Büffelbeize eingelassen, also nur zu bürsten.

Wir waren nach heutigen Begriffen arm, und Fleisch gab es nur sonntags und am Mittwoch, und da nur für eine Rindsuppe mit Knochen und Leber. Aber die gute Suppe! Oder Polenta mit Erdäpfelsuppe, Mutters steirischer Häferlsterz mit selbst eingekochten Heidelbeeren. Mutter machte es auch immer spannend. Hofften wir auf Mohnnudeln, gab es bestimmt Erdäpfelschmarrn und ein Gemüse. Die Nudeln kamen! Ganz bestimmt! Aber wann? Das war die Frage.

Sie nahm das Nudelbrett von der Wand, und schon konnten wir auf was Gutes hoffen. Erdäpfelnudeln mit Brösel und Zucker? Oder, wie gesagt, Nudeln? Kekse waren nur vor Weihnachten möglich. Ach es gab ja so viele Möglichkeiten bei Mutter.

Im allgemeinen war Mutter ja mehr für das Handfeste. Knödel mit Salat, Nockerl mit Ei und Salat, Schmarren schön locker und viel Gemüse. Vater sorgte für Gemüse. Wir hatten einen Garten. Er sorgte für die Winteräpfel. »Kinder müssen Äpfel haben« war sein Spruch. Er aß sie selber auch gerne.

In die Schule als Pausenbrot gab's einen Apfel und ein Stück Brot. Butter war für uns unbekannt, Schmalz nicht gesund, fand Vater. Und da gibt es ja eine Geschichte, die ich meinen Kindern und nun auch den Enkelkindern zu ihrem Entzücken immer wieder erzählen muß.

Wir hatten in meiner fünften Volksschulklasse natürlich auch vorwiegend Bauernkinder. Die kamen vom Kreuzberg runter. Da war auch ein Bub, der brachte immer ein herrliches Bauernbrot als Jause mit, und mit dem hab' ich einfach mein Brot getauscht. Er war wieder auf das Brot vom Bäcker ganz erpicht und ich auf das seine. Das ging so eine Weile hin.

Eines schönen Tages komme ich in die Klasse, da steht doch groß auf der Tafel: »Die Gretel liebt den Hansl.« Alles wegen dem Brottausch. Ich war in Tränen aufgelöst, wollte davonlaufen, mich einsperren, damit mich nie mehr ein Mensch sieht. Es war für mich das Entsetzen schlechthin. Man bedenke, ich war ein Kind. Ich hatte ja überhaupt keinen Begriff von Liebe. Denn das aus den Märchenbüchern hatte ja sozusagen gar nichts Geschlechtliches. Ich bin überzeugt, auch der Tafelkritzler und die anderen Kinder hatten keine Ahnung.

Jedenfalls kam dann der Lehrer herein – ich wollte am liebsten im Erdboden versinken – und sagte ganz kühl und schlicht: »Wer hat den Blödsinn da geschrieben? Ablöschen!« Damit war die Sache erledigt. Mein verheultes Gesicht nahm er überhaupt nicht zur Kenntnis, was ich ihm hoch anrechnete.

Viele, viele Jahre später kam der Hans einmal zu mir, umarmte mich, wir waren beide schon alte Leute, und sagte: »Kannst dich noch erinnern?« Und ob ich mich erinnerte! »Die Gretl liebt den Hansl.« Ach du meine Güte!

... So um Ostern herum, wenn das Wetter schön war, machte Vater schon Spaziergänge mit uns. Nach Schneedörfl, in die Werning, zur roten Wand, auf die Bodenwiese, das war dann schon ein Tagesausflug. Wir Kinder waren natürlich immer entweder vor oder hinter dem Vater.

Er selbst ging immer gleichmäßig, Schritt für Schritt, und siehe da, plötzlich lag neben dem Weg im Gras ein Zuckerl. Um Ostern herum waren es Zuckereierln in allen Farben. Die übrige Zeit entweder Stollwerck oder eben andere Zuckerln. Wenn es etwas teurere Zuckerl waren, wie etwa die Seidenzuckerln, das war dann das Schönste. Die aber bekamen wir ganz selten.

Diese Seidenzuckerln hatten innen einen kleinen Schokoladekern und waren für unsere Begriffe das Beste vom Besten und wurden geradezu andächtig gelutscht. Wir waren ja so dankbar für die kleinste Süßigkeit. Eben weil wir so selten etwas bekamen.

Ich erinnere mich an eine Tante, die ab und zu auf Besuch kam. Sie brachte immer ein Stanitzerl Zuckerln für uns mit. Am Ende des Stanitzerls waren da auch noch Bröserl von den Zuckerln. Alles wurde vernascht, nichts blieb über.

An eine Mitschülerin erinnere ich mich noch gerne. Die war aus begütertem Haus und hatte Tanten in Wien. Dieses Mädchen ließ mir als ihrer sogenannten Freundin öfter ein Stanniolpapier, oft farbig, von Schokolade zukommen. Dieses Stanniolpapier wurde von mir gehütet wie ein Schatz. Es war auch zu schön. Mitunter bunt, roch auch so gut, und ich hätte um nichts mit irgendwas getauscht.

Der Schatz lag in meiner Schulmappe, fein säuberlich ausgeglättet zwischen Weihnachtszuckerlpapier, einem Rest rosa Seidenpapier, einem schönen gepreßten Blatt, einem neuen Löschblatt, das ich sehr bemüht war, nicht zu gebrauchen, und einem Abziehbild. Das waren so meine Schätze.

Anna Starzer

wurde am 11. Juni 1914 in Starzing, das zur Gemeinde Naarn in Oberösterreich gehört, geboren. Ihre Eltern waren Bauern und hatten keine weiteren Kinder. Vierzehn Jahre diente sie als Magd auf dem elterlichen Hof und übernahm diesen 1943, dem Jahr ihrer Heirat. Bis zur Übergabe an den ältesten Sohn im Jahre 1978 bewirtschaftete sie den Hof mit ihrem Mann. Danach lebte Anna Starzer im Ausgedinge in Starzing. Sie starb im Mai 1989.

Anna Starzer war im Alter lange Zeit krank und zeichnete damals ihre Lebenserinnerungen für ihre Familie auf. Im Anschluß an eine lebensgeschichtliche Radiosendung im »Familienmagazin« des Österreichischen Rundfunks 1984, schickte sie ihre fast 120 Seiten umfassenden Lebenserinnerungen der Dokumentation lebensgeschichtlicher Aufzeichnungen in Wien und schrieb weitere Texte. Die hier wiedergegebene Geschichte ist ein Auszug aus den Lebenserinnerungen und teilweise bereits in Band 5 der Reihe »Damit es nicht verlorengeht …« veröffentlicht.

Bei uns wurden jedes Jahr sechs Schweine abgestochen

… Ja, die alte Kuchl kann sich heute niemand mehr vorstellen, und darum soll man sie beschreiben, weil sonst später niemand mehr eine Vorstellung davon hat. Es fängt ja schon beim Licht an. Für das ganze Haus gab es nur eine Öllampe und eine Kerze und keinen Elektroherd, keine Abwasch, keine Wasserleitung und nicht einmal ein Kuchlkastl. Statt eines Kuchlkastls war eine Mauernische mit einem Vorhang, daneben stand der gemauerte Kochherd.

In der Nische standen die täglich gebrauchten Lebensmittel. Darunter war das Holz für den Herd verstaut. Koch- und Schöpflöffel hingen an einer Eisenstange an der Mauer über dem Herd. Ein steinerner Wassergrand war noch in der Kuchl. Auf dem Grand stand auf einem Holzbrett ein Holzschaff als Ersatz für die Abwasch. Darüber war an der Mauer der Schüsselkorb.

Eine lange Tafel für das Nudelbrett war die Arbeitsfläche der Bäuerin. Darunter waren das Kochgeschirr, das Sterzschaffl und die Saubutte. Ab 1920 war auch der Erdäpfeldämpfer in der Kuchl. Vorher mußten Erdäpfel und Rüben in großen Kupfern auf dem Herd gekocht werden.

Die Saubutte in der Kuchl war für die Bäuerin ein großer Vorteil, denn bei mittleren Bauern mußte ja die Bäuerin neben dem Kochen noch die Schweine füttern. Die großen Bauern hatten meistens eine Saukuchl und eine Saudirn. Bei uns gab es drei Dienstboten: einen Knecht und zwei Mägde. Da es bis zu zehn Hausleute, bei großen Bauern auch noch mehr gab, und dazu drei Mahlzeiten, war auch das Kochen viel mehr Arbeit.

Wohl gab's auch mehr Staub in der Kuchl, und dadurch machte auch die Reinhaltung mehr Arbeit als heute. Mittags wurde jeden Tag die Kuchl aufgewaschen und samstags mit Aschenlauge geputzt. Über ein Schaff wurde ein Tuch gespannt, Asche draufgegeben und heißes Wasser darübergeschüttet. Von diesem Aschenwasser kamen einige Liter in das Putzwasser. Die Kuchl war meistens so klein, daß außer dem Kuchlstuhl keine Sitzgelegenheit war. Die Bauernstube war damit der gemütlichste Platz im Bauernhaus.

... Die Bäuerin war meistens als erste aus den Federn. Sie mußte den »Menschern« zum Aufstehen schreien: »Menscher kemmts in Gott's Nam!« Ihre erste Arbeit war das Anheizen des Ofens, das oft länger dauerte als heute die Zubereitung des Frühstücks. Der gemauerte Küchenherd heizte auch den Kachelofen in der Bauernstube und wärmte das Wasser im Kuchlschaff. Im Sommer konnte man den Kachelofen der Stube absperren und die Wärme entwich gleich durch den Rauchfang.

Ich möchte nun aufzeigen, welche Arbeit früher das Kochen war. Es gab viel mehr Hauspersonal, und es wurde noch ganz anders gekocht und gegessen. Im Sommer wurde schon um sechs Uhr gemeinsam aus der großen Schüssel gegessen. Da gab es Rahm- oder Brotsuppe und Kaffee. Bei jedem Essen wurde vor- und nachher das Tischgebet verrichtet.

Und so wurde damals Kaffee gekocht: In einen Topf mit vier Liter Wasser wurden drei Würfel Feigenkaffee und drei Löffel Malzkaffee gegeben und aufs Feuer gestellt. Der Malzkaffee mußte alle Tage in der Kaffeemühle gemahlen werden. Wenn der Kaffee aufkochte, wurde er mit kaltem Wasser abgeschreckt und zugedeckt eine kurze Weile stehen gelassen, anschließend geseiht und mit Milch und Zucker zubereitet.

Die Brotsuppe ist, so glaube ich, heute schon vergessen. Schwarzbrotschnitten wurden mit kochendem Salzwasser überbrüht, abgeseiht, mit gerösteter Zwiebel abgeschmalzen und mit erhitzten Grammeln überstreut. Um halb neun war Jausenzeit und um halb zwölf Mittag. Fast jeden Tag gab es Sauerkraut mit Erdäpfeln als Vorricht, und als Hauptricht Montag Knödeln, Dienstag Geselchtes, Mittwoch Strudel oder Nudeln, Donnerstag Geselchtes, Freitag Mehlspeise, Samstag verschiedenes, Sonntag bis auf wenige Ausnahmen wieder Geselchtes und als Abschluß noch Kaffee oder Milch. Um drei Uhr war Jausenzeit, bei der es außer Freitag immer Fleisch gab. Wenn es zu Mittag Fleisch gab, war das Jausenfleisch schon dabei. Das Abendessen war um halb sieben oder sieben, es gab Suppe und immer Kaffee.

Tagsüber mußte die Bäuerin auch auskehren, abwaschen und die Kuchl aufwaschen. Abends wusch die Dirn ab. Da konnte man schon von einer tüchtigen Bäuerin reden, wenn sie auch noch nachmittags bei der Feldarbeit dabei war. Noch ein Spruch zum Schmunzeln: »Dirndl hat g'heirat, is 17 Jahr alt, koa Supp'n kann s' kochen, warum heirat s' so bald.«

... Vor dem Zweiten Weltkrieg gab es kein Bauernhaus ohne selbstgebackenes Bauernbrot, das auch die Taglöhner und Störgeher zu schätzen wußten. Letzere bekamen oft ein Stück Brot mit, und man sprach vom Störibrot. Ja, man kann auf vieles verzichten, aber auf Wasser und Brot nicht. Das Brotbacken war wohl viel Arbeit und wurde alle vierzehn Tage durchgeführt. Es wurde meistens schon einige Tage vorher gebacken, bevor das Brot »alle« war, denn bei frischem Brot wurde doppelt soviel gebraucht. Ein Sprichwort sagt:

»Wenn der Bäuerin das Brot gut geraten ist, so hat sie für den ganzen Tag ihre Arbeit schon getan.«

So möchte ich das Brotbacken nun aufzeigen. Am Vortag wurde der Backtrog auf einem Gestell – im Sommer im Getreidekasten und im Winter in der warmen Stube – aufgestellt. Man nehme zwei Schaffl Weizenmehl und sechs Handvoll Salz, Fenchel, Kümmel und Anis. Nun wurde das Dampfl angerührt. Dies war ein vom letzten Brotbacken zurückbehaltener Teig, der im Mehlschaffl aufbewahrt wurde. Es wurde im lauwarmen Wasser aufgeweicht, mit fünf bis zehn Dekagramm Germ vermischt, dann wurde so viel Mehl dazugegeben, daß es ein dicklicher Brei wurde.

Abends wurde alles nochmals gut abgemischt und mit lauwarmem Wasser zu einem richtigen Teig geknetet. Die gekneteten Striezel wurden über Nacht wieder in den Trog geschlichtet. Der Backofen wurde ebenfalls schon am Vortag mit fünfzehn ein Meter langen Fichten- oder Föhrenscheitern und Reisig belegt.

Am nächsten Morgen wurde der Teig zu Kugeln geformt, in die Backkörbeln auf Tüchlein gelegt und eine Stunde gehen gelassen. Mittlerweile wurde auch das Holz im Ofen entzündet. Die Glut wurde dann im Ofen auseinandergeräumt, damit im ganzen Backofen überall gleiche Hitze war. Vor dem Backen wurde sie in einen großen Kupfer gegeben und mit Asche abgedeckt. Die so gewonnene Holzkohle wurde im Kohlebügeleisen verwendet. Mit dem in Wasser getauchten Strohwisch wurde der Backofen gereinigt. Auf den Brotschieber, einer Stange mit Blattform, wurde der Teig vom Brotkörbl gestürzt und in den Ofen geschoben. Dies erforderte genaue Arbeit.

Der Backofen war für eine bestimmte Anzahl von Laiben berechnet und beim »Einschließen« durften die Laibe nicht zusammenwachsen und keinen Anschluß bekommen. Um einen schönen Glanz zu erhalten, wurden die Laibe mit einem Bartwisch, der vorher in kaltes Wasser getaucht wurde, abgewischt. So blieb das zu backende Brot zwei Stunden im Backofen.

Beim Herausnehmen des fertigen Brotes wurde es mit kaltem Wasser abgebürstet, verkehrt in das Backkörbl gestürzt und nochmals abgebürstet. Nach dem Auskühlen kam es auf die sogenannte Brotleiter. So ging es alle vierzehn Tage. Das Kneten des Teiges war die Arbeit der Mägde, die dafür abwechselnd einen Laib Brot bekamen, während das Formen des Laibes die Arbeit der Bäuerin war. Jeder freute sich über das gute Bauernbrot.

... Bei uns wurden jedes Jahr sechs Schweine abgestochen. Zu Lichtmeß, zu Weihnachten und zu den Faschingstagen wurden drei schwere abgestochen. Es waren richtige Schmalzschweine und zum Selchen, mit einem Gewicht zwischen 250 bis 350 Kilogramm. Auf diese Schweine war der Bauer stolz und die Bäuerin auf die siebzig bis achtzig Liter Schmalz.

Die drei leichteren Schweine kamen zu Ostern, zum Maschindreschen und zu Allerheiligen an die Reihe. Die ungefähr siebzig Kilogramm schweren Schweine mußten bald gegessen werden, da zu dieser Zeit das Selchen schwierig war. Beim Sauabstechen durfte das ›Pfandlfleisch‹ nicht fehlen, das als Jause auf den Tisch kam. Es waren dies ein Stück am Rücken angewachsenes Fleisch, der sogenannte Fisch, die Nierndln und das Herz. Das Selchfleisch mußte für ein ganzes Jahr reichen. Von den kleinen Sauen wurden meist vier bis fünf Kilo Gebratenes mit Schmalz übergossen, um es etliche Wochen haltbar zu machen.

Beim Abstechen der schweren Schweine halfen die Nachbarn oft zusammen. Es war dies früher wohl eine Tierquälerei, und man fühlte mit dem Tier, wenn es sich um sein Leben wehrte. Wurde nun eine Sau verstochen, so mußte sie länger leiden. Das Zubereiten des Fleisches nahm ein paar Tage in Anspruch. Das Blut wurde aufgefangen; es wurde für die Blunzn gebraucht, die bei keinem Saustechen fehlen durften.

Es wurden auch Brat- und Preßwürste, Krenfleisch und Gefülltes hergestellt. Mit dem Saupechwasser wurden zu Weihnachten und im Fasching alle Holzschaffeln und Saubutten mit der Reißbürste gewaschen. Zu Weihnachten wurden auch alle Saustalltürln, Futter- und Auslaßtürln gewaschen, und die übrigen Stalltürln wurden ebenfalls einmal im Jahr gewaschen. Es war ja eine Freude, wenn wieder alles sauber war.

Das Fleisch für das Geselchte wurde mit Salz, Knoblauch, Pfeffer, Paprika und Koriander eingerieben und vierzehn Tage in einen Bottich gelegt, mit Steinen beschwert, in die Rauchfang-Selch gehängt und vom Kuchlofen aus drei Wochen geselcht. Es gab dann noch den fünf Zentimeter dicken Rückenspeck, der im Herbst oft schon gelblich wurde. Wenn man von der Holzarbeit heimkam, freute man sich trotz der gelben Färbung auf den Speck mit heißen Erdäpfeln, denn der Hunger war groß.

Das Zerlegen eines so schweren Schweines war Arbeit für einige Tage. Nach dem Schlachten wurden die Därme mit Hilfe eines Kochlöffels gewendet, gewaschen und mit heißem Wasser gespült. Täglich wurden sie nun immer wieder gereinigt. Nach vierzehn Tagen wurden sie gekocht, geschnitten und anschließend in Essig aufbewahrt. Nun konnten sie mit Einbrenn zu einer Suppe verarbeitet werden.

Die nächste Arbeit war das Auslassen des Schmalzes. Der gute Filz wurde von zwei Mägden würfelig geschnitten, während der schlechtere von einer Magd durch die Handfleischmaschine gedreht wurde. Die Bäuerin ließ das Fett aus, und die dabei zurückbleibenden goldgelben Grammeln ergaben eine gute Jause. Das Fettauslassen war eine Halbtagsarbeit. Früher brauchte man circa sechzig Liter Schmalz oder auch mehr für das ganze Jahr, denn Margarine gab es ja nicht, und Butter nahm man nur zum Verfeinern der Speisen.

Die Bratwürsteln wurden zu Weihnachten und im Fasching gemacht. Aus den Schwarten wurden mit etwas Fleisch die Sulz oder eine Preßwurst gemacht. Aber auch das Blut wurde zu Blunzn verarbeitet. Freilich mußte dies alles in kurzer Zeit verbraucht werden, da es ja keinen Kühlschrank gab. Eine große Erleichterung brachten die Kühlhäuser.

Zum Bau schlossen sich ein paar Dörfer zu einer Gemeinschaft zusammen. Heute ist auch das schon wieder veraltet und überholt, denn jetzt ersetzt die Gefriertruhe im Bauernhaus das Kühlhaus. Selchen konnte man nur im Winter. Das Geselchte wurde in einem gut verschlossenen Raum aufgehängt, damit keine Fliegen dazukommen konnten.

Früher kam der Fleischhauer im Sommer mit dem Fahrrad auf den Hof und brachte Würste. Am Sonntag gab es dann zur Jause entweder eine Knacker oder eine Braunschweiger, das war damals eine Delikatesse. Wer sich an kleinen Dingen freuen kann, der braucht keine großen. Ja, Fleisch, Brot, Most und dazu Sauerkraut konnte man täglich auf dem Tisch finden. Das Brot wurde schon immer mit Ehrfurcht behandelt, da Gott selber es zu seinem Leib gemacht hat. Nach dem Kneten des Teiges, nach dem Einschuß in den Backofen und beim Anschneiden des Brotes wurden jedesmal drei Kreuze über das Brot gemacht, aus Ehrfurcht vor dem täglichen Brot – und zur Besinnung auf das »Ewige Brot«. Diese Worte mögen wieder zur Besinnung aufrufen.

Da das Sauerkraut so viel Bedeutung hat, möchte ich ihm auch ein paar Zeilen widmen. Die Zubereitung war viel Arbeit. Es war auf dem Bauernhof eine gesunde, fast tägliche Kost. Heute ist der Krautacker verschwunden und die eigene Erzeugung des Sauerkrautes verlorengegangen. Wegen der paar Hausleute zahlt sich die viele Arbeit nicht mehr aus. Das Kraut wurde als Pflanze auf den Acker gesetzt und mußte dreimal angehäufelt werden, damit im Herbst die schweren Krautköpfe die Stengel nicht umrissen. Außerdem war die Pflanze auch sehr anfällig gegen Krautwürmer – das ist die Raupe des Kohlweißlings – und Erdflöhe. Dagegen gab es damals die Holzasche, während heute gespritzt wird.

... Der Bauer mußte seine Felder immer unter Kontrolle halten. Zur Erntezeit wurden die Krautköpfe abgehackt und auf den Wagen geladen. Zu Hause wurde der feste Krautkopf herausgestochen, geteilt und der Stengel herausgeschnitten. Nun wurde es mit dem Krauthobel geschnitten und in den Krautbottich oder Steingrand gegeben und getreten. Zum Eintreten zog man erst im Bottich sauber gewaschene Holzbundschuhe an. Das Kraut mußte so lange getreten werden, bis der Saft über dem Kraut stand. Dazu wurde immer wieder ein volles Körbel und noch eine Handvoll Salz dazugegeben, bis man fertig war.

Nun wurde das Kraut mit Krautblättern zu- und mit Brettern, die mit Steinen beschwert wurden, abgedeckt. Es blieb bis zur täglichen Entnahme nur einen Spalt offen. Nach vierzehn Tagen war es gebrauchsfertig. Alle zwei Wochen putzte man es und gab wieder frisches Wasser darüber, so daß es davon bedeckt war. Das Sauerkraut hielt so ein ganzes Jahr. Im Salzwasser abgekocht und mit Fett, am besten war Bratenfett, abgeschmalzen, wurde es mit Erdäpfeln, die in Salz getaucht wurden, als Vorspeise gegessen.

Maria Schuster

wurde am 5. April 1915 auf dem Hatznhof im Lungau, Gemeinde Ramigstein (Salzburg) als drittes von insgesamt vierzehn Kindern geboren. Ihr leiblicher Vater fiel im Ersten Weltkrieg, ihre Mutter war dreimal verheiratet. Nach dem Besuch der Volksschule arbeitete Maria Schuster bis zum Ende der vierziger Jahre als Magd auf dem elterlichen Hof beziehungsweise auf Zulehen des Hofes. Sie lebt heute in Hallein bei Salzburg.

Nachdem Maria Schuster 1986 einen Teil ihrer Kindheitserinnerungen in der österreichischen Zeitschrift »Frauenblatt« veröffentlicht hatte, die damals einen Schreibaufruf unter dem Motto »Als ich ein Kind war« veranstaltete, schickte sie auf Bitte einer Mitarbeiterin der Dokumentation lebensgeschichtlicher Aufzeichnungen in Wien das vollständige Manuskript. Hier befinden sich außerdem eine 1986/87 geschriebene und mit »Alles Leid ist nur auf Erden« betitelte Biographie ihrer Mutter sowie das etwa achtzig Seiten umfassende Manuskript »Sitten und Bräuche am Bauernhof«, das Maria Schuster 1991 an die Dokumentation lebensgeschichtlicher Aufzeichnungen schickte. Daraus entstammen die folgenden Geschichten, deren Reihenfolge gegenüber dem Original verändert wurde.

Koch, Muas und manches andere Gericht

… An Arbeitstagen hielt man sich bei Tisch nie länger auf als unbedingt notwendig. Sobald der letzte den Löffel am Tischtuch abwischte, machte der Moa schon das

Kreuzzeichen für das Tischgebet. Denn so sehr die Arbeit auch oft drängte, besonders im Sommer, für das Tischgebet mußte immer Zeit sein. Vor dem Essen wurde ein »Vaterunser« mit »Ave Maria«, nach dem Essen ein »Vaterunser« mit »Engel des Herrn« gebetet.

Jeder hatte am Tisch seinen angestammten Platz, und alles, was auf den Tisch kam, wurde mit dem Löffel gegessen. Jeder hatte seinen eigenen, der bei jedem Platzwechsel mitgenommen wurde. Die Knechte verstauten ihre Löffel auf der Unterseite der Tischplatte, wo eine Lederschlaufe dafür angebracht war. Die Löffel der Mägde sowie das Tischtuch hatten in der Tischlade ihren Platz. Das Auftragen der Speisen war Moadirnarbeit. Nur wenn zusätzlich etwas auf den Tisch kam, mußte die Hausdirn zwecks schnellerer Abwicklung helfen. Die Löffel der Dienstboten wurden nie abgewaschen, außer der Betreffende tat es selbst. Die Löffel wurden einfach abgeschleckt und am Tischtuch abgewischt.

Für die Kinder stand im anderen Stubeneck ein kleiner Tisch. Sie mußten sich auch ihr Essen selber aus der Küche holen. Als meine Brüder noch mit an diesem Tisch saßen, durften wir weder reden noch lachen. Wie Buben schon sind, konnten sie das Lachen nicht unterdrücken. Sofort wurden sie vom Moa, der übrigens ihr Bruder war, zum Stillsein aufgefordert und ohne eine zweite Ermahnung an den Ohren aus der Stube gezogen.

Tisch- und Handtücher wurden nur immer am Sonntagmorgen gewechselt. Die Handtücher waren ungefähr einen halben Meter breit, aber mindestens drei Meter lang. Sie wurden über eine Rolle, die an der Wand befestigt war, gezogen. Da jede Flüssigkeit mit dem Löffel aus einer Schüssel gegessen wurde, sah das Tischtuch am Wochenende wie eine Landkarte aus. Denn jeder hatte seine Spur hinterlassen.

Fleischknödel waren das Nationalgericht, das vom Ende der Getreideernte bis Anfang der Heuernte, außer den üblichen Fast- und Festtagen, jeden Tag auf den Tisch kam. Zu den Fasttagen zählte damals auch noch der Quatembermittwoch. Alle drei Monate war eine Quatemberwoche. Heute ist dieser Name aus den Kalendern verschwunden.

Fasttage waren für uns aber kein Schrecken, im Gegenteil. Wir freuten uns darauf, denn da gab es eine Mehlspeise. Oft gab es Hasenöhrl mit Sauerkraut, »Raunkn«, das waren kleine Schmalznudeln aus Topfen oder Kartoffelteig, oder Muas, ab und zu auch Rohrnudeln, die mit Sauerteig als Treibmittel gemacht waren. Egal, was es war, nach dem Knödelalltag war alles willkommen.

Zum Frühstück oder zur Supp'n kam zuerst eine Schüssel voll Milch mit eingebrocktem Suppenbrot auf den Tisch. Das Brotaufschneiden besorgte die Hausdirn. Vom Brot wurden mit dem Messer kleine Schnittchen in einen nur dafür bestimmten Holzstotz geschnitten. Davon wurde nach Bedarf in die Suppenschüssel gegeben und heiße Milch darübergeschüttet.

Vom Koch, das auch jeden Tag auf den Frühstückstisch kam, konnte man sich nie abessen. Die Kochpfanne, die nur dafür verwendet wurde, war aus Kupfer und verlieh dem Gericht den guten Geschmack. Zuerst wurde Maisgrieß in Wasser aufgekocht, dann die nötige Milch dazugeschüttet, gesalzen und in die kochende Milch Gerstenmehl eingerührt.

Das Koch mußte in der Mitte ein Kranzl haben, dann war es fertig. Danach wurde es vom Feuer genommen und mit gewärmtem Butterschmalz übergossen. Anschließend nahm Mutter immer einen kleinen Schöpfer und drückte damit in der Mitte und rundherum Gruben in das Koch, so daß auch jeder zu seinem Schmalz kam.

Koch, Muas und manches andere Gericht stellte man in der Pfanne, in der es gekocht wurde, auf den Tisch. Als Unterlage für jede Pfanne diente der sogenannte »Pfannhauser«, ein Holzgestell mit einem verstellbaren Pfannenstielhalter. Die Pfannen wurden nur innen ausgewaschen. Das Rußpech blieb außen haften. Fünf hingen auf der Pfannreben, für jedes Gericht eine eigene.

Mit Reindln war am offenen Feuer nichts anzufangen. Schüsseln wurden im Schüsselkorb verstaut. Für verschieden große Emailhäferln war ein Wandkastl vorhanden. Gußeiserne Häfen, die an das Feuer gestellt wurden, hatten auf einer Stelle ihren Platz, und ein paar sogenannte Rohrpfannen wurden im Keller untergebracht. Für das schöne Geschirr, Gläser und Porzellan, war in der Rauchkuchl kein Platz. Es wurde nur selten benützt.

Als Vorspeise wurde zu Mittag zuerst das Sauerkraut aufgetragen. Die Knödel wurden mit der Suppe, in der das Knödelfleisch gekocht wurde, in einer Schüssel auf den Tisch gestellt. Sie wurden auf Holztellern mit Messer und Gabel geschnitten. Diese mußten zu zweit, manchmal zu dritt benutzt werden. Der Ranghöhere übernahm das Schneiden, währenddessen die anderen warten mußten. Dann fischte man sich mit dem Löffel einen Knödelbrocken vom Teller, langte damit in die Suppenschüssel und aß es.

Der Braten wurde aus dem Bratrohr genommen und mit der Bratpfanne auf den Tisch gestellt. Man holte sich ein Stück davon auf den Holzteller, löste das Fleisch vom Knochen, und während der eine das Fleisch zerkleinerte, durfte der andere den Knochen abnagen. Fleisch, Kartoffeln, Beilagen, wie Salat, Semmelkren etc. wurden mit dem Löffel gegessen.

Das Abendessen oder Nachtmahl war etwas abwechlungsreicher, aber nicht üppig. Es gab zum Beispiel Rollgerste, die auf der eigenen Mühle geschält wurde, eine Milchfarfel oder Polenta und dergleichen. Vor der Abendmahlzeit kam an Werktagen noch die Schottsuppe mit Broteinlage auf den Tisch. Nur zur Kartoffelernte und noch Wochen danach wurde das Brot durch gekochte Kartoffeln ersetzt.

Sobald die Heuernte in Gang war, wurde auch der Speiseplan geändert. Zu Mittag gab es fast immer Schmalzgebackenes, zum Beispiel gebackene Mäuse, Pofesen, Schneeballen oder wie wir sagten Hühnersteigen. Diesen Namen hat ihnen wohl das typische Gitter verliehen. Als Vorspeise hat nun der Salat das Sauerkraut abgelöst. Sofern um diese Zeit noch welches vorhanden war, wurde es abends zu Knödeln serviert. Zum Frühstück löste eine Pfanne voll Muas das Koch ab, und die Vormittagsjause wurde ganz gestrichen. Da sich die Arbeiten immer weiter vom Hof entfernten, mußten

Frühstück und Mittagessen zu den Leuten hinausgetragen werden. Nur bei ganz schlechtem Wetter gab es eine Ausnahme.

So ein Vormittag ohne Jause, ohne ein paar Minuten Rast, zog sich unendlich hin. Gegen Mittag lasen wir immer schon die Uhrzeit von der Sonne ab. Wir konnten die Zeit genau bestimmen und waren froh, wenn Mutter endlich mit dem Essenkorb auftauchte, der nur auf dem Kopf getragen werden konnte. Manche Bäuerinnen entwickelten darin ein solches Geschick, daß sie ihn weite Strecken ohne zu halten tragen konnten, da die Hände ja auch meist nicht frei waren. Oft mußten in der einen Hand die Getränke und in der anderen ein Kleinkind oder ein Arbeitsgerät gehalten werden.

Dann suchten wir ein halbwegs ebenes Plätzchen im Schatten, ein Tuch wurde ausgebreitet und die Schüssel daraufgestellt. Auch im Freien wurde das Tischgebet verrichtet. Wir setzten uns rund um die Schüssel, je mehr Leute es waren, umso größer wurde der Kreis. Es war nicht immer bequem, da meist nur das Plätzchen eben war, auf dem die Schüssel stand. Hauptsache war, wir konnten unseren Hunger stillen und ein paar Minuten rasten. Um vier Uhr nachmittag war wieder Zeit für die Jause. Meistens gab es Brot und Speck oder Käse und zum Trinken Milch oder Schottbrühe, zur Kirschenzeit auch manchmal ein Kirschensaftwasser.

Der Samstag wurde immer mit Sehnsucht erwartet. Die Arbeit wurde, wenn irgendwie möglich, so eingeteilt, daß um vier Uhr mit der Feldarbeit Schluß war. Nur wenn das Wetter nicht viel Gutes versprach, wurden bei der Heuernte Überstunden gemacht. Nach Feierabend begann für die Mägde nach der üblichen Hausarbeit erst die Samstagsarbeit. Die Moadirn mußte in der Stub'n Tische und Bänke, die rundherum standen, mit Lauge und Bürste schrubben. Das Gleiche galt für die Hausdirn in der Küche.

Das Küchenfenster, das vom Rauch immer einen braunen Belag bekam, mußte jede Woche gewaschen werden, die Böden wurden nur zu allen heiligen Zeiten geschrubbt. Der Hühnerstall mußte gereinigt und der Saustall ausgemistet werden. Die Schweine bekamen im Sommer nur Gras und einen Trank und wurden am Tag in einen Pferch getrieben. Die Viehdirn mußte sich um das Grünfutter für die zwei Kühe kümmern.

Außerdem hatte am Samstag jede ihren Teil im Hof zu kehren. Bis zum Nachtmahl mußte alles fertig sein. Jeden Samstagabend und jeden Abend vor einem Feiertag wurde nach dem Abendessen ein Rosenkranz gebetet. Die Knechte knieten auf Betschemeln um den Tisch herum, die Mägde hinter ihnen auf dem Boden. Sie benutzten die Bänke, auf denen sie bei Tisch saßen, als Betbank.

Wer hätte es den Mägden aber verdenken können, wenn sie dabei manchmal mehr schliefen als beteten. Im Advent und in der Fastenzeit wurde auch wochentags ein sogenannter »G'hoamlass'n« gebetet. Das war eine Kurzform vom Rosenkranz, in dem jedes Gesetzchen nur einmal, aber immer mit »Vaterunser« gebetet wurde. Was das Wort selbst betrifft, so heißt das wohl so viel wie Geheimnis und deutet auf die Geheimnisse des Rosenkranzgebetes hin.

Wie ich in meiner Jugend von älteren Dienstboten erfahren habe, haben manche Bauern auch noch am

Sonntagnachmittag ihre Leute zum Rosenkranzgebet zusammengetrommelt. Aber das war meiner Meinung nach schon mehr Schikane, die geschundenen Menschen auch noch um das bißchen Sonntagsfreizeit zu bringen.

Damals gehörte das Weihen der Speisen zum althergebrachten Brauchtum

Über den Fasching muß ich wohl nicht viel berichten. Das fröhliche Treiben war damals nicht viel anders als heute. Es gab natürlich maskierte Faschingsumzüge, und der traditionelle Faschingsball durfte auch nicht fehlen. Der Faschingssonntag war damals bei uns ein hoher Festtag mit dem üblichen Festessen zu Mittag.

Auch der Faschingsmontag war noch ein Feiertag, an dem eigentlich erst das richtige Faschingstreiben stattfand. Was den Faschingsmontag aber bei allen so beliebt machte, waren die Faschingsknödel. Auf die haben wir uns meistens noch mehr gefreut als auf das Festessen am Sonntag. Diese Knödel wurden wie Hascheeknödl zubereitet und sind doch mit diesen nicht zu vergleichen. Denn gefüllt wurden sie mit bestem geräuchertem, gekochtem und feingehacktem Schweinefleisch.

Am Faschingsdienstag gab es auch noch eine Besonderheit. Da kam eine Schüssel gedünstetes Sauerkraut auf den Tisch. Darauf lag für jeden ein Stück geräuchertes und gekochtes Schweinefleisch. Der Aschermittwoch war, wie der Karfreitag, ein strenger Fasttag. Der Freitag war ja damals das ganze Jahr über Fasttag. Doch nahm man es nicht immer so genau.

Nur in der Fastenzeit hielt man sich streng an das Fleischverbot. Der Karfreitag unterschied sich eigentlich nur durch eine magere Fastenspeise. Das war eine Brennsuppe mit fleischlosen Knödeln, während an den übrigen Freitagen meist eine Mehlspeise auf den Tisch kam.

... Ostern war wohl die Zeit der meisten Bräuche im Bauernjahr. An erster Stelle stand immer der Besuch der Gottesdienste in der Karwoche. War Ostern früh im Jahr, war es noch relativ einfach, ein paar Dienstboten zu schicken. War aber die Anbauarbeit einmal in vollem Gange, war es oft schwer, jemand zu entbehren, da jede Kraft gebraucht wurde. Vorausschicken möchte ich, daß damals die Gottesdienste der Karwoche nicht wie heute am Abend, sondern immer am Vormittag abgehalten wurden. Außerdem betrug der Weg bis zur Kirche eine Stunde, manche hatten noch weiter.

Die Wochentage wurden im bäuerlichen Sprachgebrauch auch anders benannt. Nicht Montag, Dienstag usw. Das waren Motog, Örchtog, Mittog, Pfingstog, Freitog, Somstog und Sunntog. Der Gründonnerstag war der »Ontlaßpfingsttog« und die Eier, die die Hühner von Gründonnerstag bis Karsamstag legten, wurden »Ontloßoa« (Antlaßeier) genannt.

An jedem dieser drei Tage wurden drei oder mehr Eier zur Seite gelegt und der Name des Tages daraufgeschrieben. Sie wurden am Ostersonntag mit den Speisen geweiht. Von diesen geweihten Eiern wurden wiederum drei weggenommen. Die übrigen waren zum Verzehr bestimmt. Das Donnerstagsei wurde ins Feuer geworfen, es sollte den Hof vor Feuersbrunst schützen. Das Freitagei wurde in einer Erdlawine vergraben, es sollte Mensch und Tier und Flur vor einer Katastrophe bewahren. Das Samstagei schließlich wurde ins Wasser geworfen, damit dieses keinen Schaden anrichte.

... Von allen Tagen strahlte der Karfreitag eine besondere Atmosphäre aus. Die hohen Kirchenfenster waren mit schwarzen Vorhängen verdunkelt, und das »Heilige Grab« strahlte einen tiefen Frieden aus. So hab' ich es jedenfalls immer empfunden. Das »Heilige Grab« machte auf mich als Kind, und auch später noch, immer einen tiefen Eindruck. Ich konnte mich seinem Zauber nie entziehen.

Wie es beleuchtet wurde, weiß ich heut' noch nicht. Es war mir nie möglich, es von rückwärts zu sehen. Sogar bei der Arbeit spürte man die Karfreitagsatmosphäre. Auch das Essen trug dazu bei. Zu Mittag gab es Fastenknödel. Das waren fleischlose Knödel mit Einbrennsuppe, in die Mutter immer ein paar Eier sprudelte. Abends kam eine Milchsuppe auf den Tisch.

... Früher wurde auch noch immer die schöne Weihbutter hergestellt. Am Ende meiner Schulzeit, kann ich mich noch erinnern, wurde sie bei uns noch gemacht. Aber in die Kirche zur Weihe, woher eigentlich der Name stammt, wurde sie nie gebracht. Es wäre wohl zu weit und umständlich gewesen. Auch andere Bauern haben sie nie in die Kirche getragen. Aber meine Mutter hat oft erzählt, daß in ihrer Jugend ein Gastwirt mit Landwirtschaft die Weihbutter noch in die Kirche gebracht hat. Die war dann zur allgemeinen Besichtigung ausgestellt.

Die Weihbutter wurde natürlich aus frischgerührter Butter hergestellt. Gleich nach der Stallarbeit mußte die

Sennerin am Karsamstag Butterrühren. Danach fabrizierte Mutter mit der Sennerin dieses Kunstwerk. Dazu gehörten vier einfache Holzmodel und ein doppelter für das Lämmchen und noch eine Butterspritze.

Die Model wurden zuerst in heißes, dann in kaltes Wasser gelegt. Dann wurden sie dick mit Butter bestrichen, die fest angedrückt wurde, und wieder ins kalte Wasser gelegt. Inzwischen wurden vier Lebkuchen oder mehr, je nach Größe, zusammengestellt und ebenfalls dick mit Butter bestrichen. Es mußte ein viereckiger Turm sein. An die vier Seiten wurden nun die bestrichenen Model gedrückt. Mit der großen Sterntülle wurden an den vier Ecken der Weihbutter die Säulen angebracht und mittels einer Siebtülle obenauf eine Butterkrause. Das sah dann wie ein wirrer Wuschelkopf aus.

Meistens wurden in diesen Wuschelkopf kleine, aus färbigem Seidenpapier gebastelte Blümchen gesteckt und mit buntem Hagelzucker bestreut. Auch das Lämmchen kam darauf, das ins abgewinkelte rechte Vorderbein ein Fähnchen hineingesteckt bekam. Mehr zum Bewundern als zum Essen war dieses Kunstwerk. Wer hätte auch nach dem reichgedeckten Tisch noch Lust auf ein Butterbrot gehabt?

Auch das Eierdutschn war ein beliebter Osterbrauch, ganz besonders für junge Leute. Jeder Dienstbote bekam drei Eier, und es war üblich, daß jeder Besucher zu Ostern mindestens ein Ei geschenkt bekam, besonders die Patenkinder, die jedes Jahr zu Ostern zum sogenannten Weihessen eingeladen wurden.

Wir mußten zu Ostern immer weit über hundert Eier färben. Damit wurden meistens die Kinder und die

Hausdirn betraut. Zum Eierfärben verwendeten wir fast ausschließlich frische Frühlingskräuter, Zwiebel- und Eierschalen. Die Kräuter oder Schalen wurden auf Leinenflecken gegeben, die gewaschenen Eier draufgelegt, eingebunden und in roter Eierfarbe gekocht. Die Ergebnisse waren oft verblüffend.

Mutter war am Karsamstag hauptsächlich mit Backen beschäftigt. Es mußten einige Kuchen gebacken werden und ein Berg Bauernkrapfen. Für den Krapfenteig hatten wir eine eigene Teigmutter mit dem dazugehörenden Teigschläger. Es gehörte zu den Pflichten der Moadirn, den Krapfenteig abzuschlagen. Einen Teig mit mindestens vier Kilogramm Mehl eine halbe Stunde lang zu schlagen, bringt selbst die kräftigste Magd ins Schwitzen.

Die Krapfen wurden in einer großen Eisenpfanne in Butterschmalz auf dem offenen Herdfeuer gebacken. Das war gar nicht so ungefährlich. Ich kann mich erinnern, daß manchmal das ganze Fett in der Pfanne in Flammen stand, aber Mutter wußte sich zu helfen. Sie hob die Pfanne vom Feuer, gab den Deckel drauf, und das Malheur war behoben.

... Die Speisen zum Weihen zu bringen, war auch Aufgabe der Moadirn. Damals gehörte das Weihen der Speisen zum althergebrachten Brauchtum, und es wäre niemandem eingefallen, diese Tradition zu mißachten. Ob Bauer, Häusler oder andere Familien, fast jeder brachte seine Speisen zur Weihe. Es heißt doch immer: »Zu Ostern bekommen die Leut', zu Weihnachten bekommt das Vieh Geweihtes zu essen.«

Wieviel eingepackt wurde, hing natürlich von der Anzahl der Personen im Haushalt ab. Ins Packl gehörten gekochtes und geselchtes Schweinefleisch oder Osterschinken, Eier, Schwarzbrot, Osterstritzel, Butter, Salz und Kren. Ein paar Stunden wurde das Fleisch in einem mittelgroßen, über dem Feuer hängenden Kupferkessel gekocht, den Mutter bis oben mit geselchtem Schweinefleisch füllte. Zum Abendessen gab es dann geselchte Suppe mit Schwarzbrot als Einlage. Dieses Selchfleisch wurde allgemein Weihfleisch genannt, aber ins Weihpackl kam nur ein Stück davon.

Das Hochamt war besonders am Ostersonntag sehr feierlich. Wenn die Glocken zur Wandlung läuteten, wurde diese heilige Handlung noch mit einigen Böllerschüssen unterstrichen. Nach dem Gottesdienst mußten die Mägde mit den Weihpackeln schleunigst nach Hause trachten. Die Waldbauernmägde taten sich immer zusammen, da sie die meiste Strecke den gleichen Weg hatten, bis jede zu ihrem Hof abzweigen mußte. Daheim wartete schon ein Knecht, um mit ein paar Böllerschüssen das Weihpackl zu empfangen. Aber wenn es einer Magd gelang, ins Haus zu kommen, bevor ein Schuß fiel, gab es immer ein »großes Hallo«, und der Knecht war der Gefoppte. Das waren halt so kleine Neckereien. Jung, wie wir damals waren, konnten wir über alles lachen.

Zum Festessen an den hohen Festtagen mußte allerhand vorbereitet werden. Darum mußten die Mägde, wenn sie von der Kirche zurück waren, in der Küche mithelfen. Als Vorspeisen gab es am Ostersonntag immer die geweihten Speisen, die in der Küche mundgerecht aufgeschnitten wurden. Hauptgang war der Braten. Dafür wurde zu Ostern immer ein Schwein geschlachtet. Als

Beilage gab es selten etwas anders als Kartoffeln, die mit dem Fleisch mitgebraten wurden.

In der Zeit, da es im Garten noch keinen Salat oder diesen nicht mehr gab, wurde gewöhnlich ein Gericht aus Kren, Apfelkren, Semmelkren oder Krenkoch zum Braten gereicht. Bevor der Braten aufgetragen wurde, wurden wieder einige Böller abgefeuert. Das war der »Bratlschuß«. Nach dem Braten gab es noch Krapfen mit Kaffee, danach noch Kuchen mit Saft von gekochten Dörrzwetschken. Am Nachmittag wurde dann ungehindert geböllert, und alle hatten ihre Freude dran. Nur unser braver Hofhund, der Bernhardiner Roland, hatte schlechte Tage. Er verkroch sich in den finstersten Winkel im Keller.

Ostermontag, -dienstag und Kleinostersonntag standen immer im Zeichen der Besuche. Da wurden die Patenkinder und Verwandten zum sogenannten »Weihessen« eingeladen. Als Kinder freuten wir uns auch deshalb auf Ostern, weil einerseits andere Kinder zu uns kamen und andererseits auch wir einmal fortgehen durften. Da wurde immer groß aufgetischt, als wären wir weiß Gott was für hohe Gäste. Zuerst bekamen wir gleich ein paar gefärbte Eier zum »Dutschen«, wie bei uns das Eierpecken genannt wurde.

Dann kam das unvermeidliche Weihfleisch auf den Tisch, anschließend Braten, Krapfen und was die Küche noch bot. Bunte Eierzuckerln durften auch nicht fehlen. Am Nachmittag spielten wir mit den Kindern. Es waren ja alles Freundinnen und Freunde, mit denen wir die Schule besuchten. Wenn wir uns dann beim Abschied bedankten – dazu waren wir streng erzogen –, bekamen wir immer noch ein Päckchen mit. Das enthielt bunte Eier, Süßigkeiten, Krapfen und Kuchen und ein Kopftuch für die Mädchen und ein Taschentuch für die Buben. Aber auch die schönsten Feste gehen vorbei, und darüber hat sich hauptsächlich der Hund gefreut.

Matthäus Prügger

wurde am 2. September 1919 auf einem Bergbauernhof in der Steiermark geboren. Er war das jüngste von drei Kindern. Nach dem Besuch der Volksschule arbeitete er als Pferdeknecht auf dem Hof seiner Eltern. 1938 meldete er sich freiwillig zum Militärdienst. Nachdem er aus dem Krieg zurückgekehrt war, begann er im Januar 1946 eine Ausbildung als Gendarmeriebeamter. Diesen Beruf übte er in verschiedenen Abteilungen bis zu seiner Pensionierung im Jahre 1979 aus.

Matthäus Prügger hat 1986 Erinnerungen an seine Kindheit in der österreichischen Zeitschrift »Frauenblatt« veröffentlicht, welche damals einen Schreibaufruf unter dem Motto »Als ich ein Kind war« veranstaltete. Im Anschluß daran schickte er einen Teil seiner »Lebenserinnerungen« an die Dokumentation lebensgeschichtlicher Aufzeichnungen in Wien. Aus diesem Manuskript stammt der folgende Text.

Ein Fest war das Mittagessen am Ostersonntag

... Wie ich schon eingangs angeführt habe, war in den ersten Nachkriegsjahren des Ersten Weltkrieges die Verpflegung auch bei uns Kleinbergbauern mehr als knapp. Es fehlte an allem. Die wenige Milch, die unsere Kühe produzierten, mußten wir verkaufen, um die nötigsten Einnahmen zu haben. Ab Mitte der zwanziger Jahre, als wir wieder auf unserer alten Wirtschaft in Präbichl waren, hatten wir zwar einfach, aber genug zu essen.

Täglich gab es das schon erwähnte Frühstück, Mehlsuppe mit Sterz, das war sehr ausgiebig. Am Vormittag aßen wir Brot und tranken Most. Bei schwerer Arbeit, etwa im Sommer beim Mähen, bei Heuarbeiten, Getreideernten usw., gab es Brot, Speck oder Salat. Am Nachmittag war zwischen 16.00 und 17.00 Uhr wieder eine Jause mit Brot und Most, eventuell gab es dazu eine Schüssel Salat. Am Abend zwischen 19.00 Uhr und 20.00 Uhr gab es Salat und Mehlsuppe.

Das Mittagsgericht war auf die einzelnen Wochentage abgestimmt. Im Sommer hatten wir montags immer Salat als Vorspeise – eine große Schüssel voll, mit Ripsöl angemacht, das war an allen Tagen gleich –, als Hauptspeise Knödel aus Mehl und geröstetem Brot, mit Grammeln vermengt, und irgendeine Suppe wie zum Beispiel Gemüsesuppe, Kartoffelsuppe, Klachelsuppe usw.

Dienstags gab es als Hauptspeise Mehlteigstrudel mit Röstbrot und Grammeln gefüllt, Selchfleisch und Fleischsuppe. Das gleiche gab es am Donnerstag und am Sonntag, mit der Ausnahme, daß da kein Bauch- oder Rippenfleisch, sondern das beste Schlögel- oder Schulterselchfleisch aufgetischt wurde. Darauf konnte man sich schon die ganze Woche freuen.

Der Freitag war ein strenger Fasttag. An diesem Tag gab es weder Fleisch noch Fleischabfallspeisen. Dasselbe galt für die vierzigtägige Fastenzeit vor Ostern. Besonders in der letzten Woche vor Ostern – der Karwoche – wurde streng gefastet. Da gab es keine Fleischsuppe sowie auch keine fetthaltigen Speisen, nur Mehl- und Gemüsespeisen und Kartoffeln in verschiedenen Zubereitungsarten.

Am Karsamstag um elf Uhr wurde durch drei Böllerschüsse der Beginn der Osterzeit angekündigt. Dies bedeutete auch das Ende der Arbeit. Am späten Nachmittag ging es dann zu den Auferstehungsfeierlichkeiten in die Kirche, verbunden mit einem Festumzug im Freien. Es war immer schon finstere Nacht, wenn wir von der Kirche nach Hause kamen. Nun gab es die erste Fleischsuppe nach der Fastenzeit. Eine Schinkenfleischsuppe mit Nudeln war ein Festessen nach so langer Abstinenz.

Anschließend begab sich das ganze Hausgesinde auf den Hochacker, wo ein Stoß Kleinholz gestapelt war. Nun wurde das Freudenfeuer entzündet. Nach und nach sah man die einzelnen Freudenfeuer von weither auflodern. Auch die Nachbarn kamen herbei. Es wurde gespielt und gesungen bis nach Mitternacht. Am Ostersonntag ging mein Vater schon bei Tagesgrauen auf die Äcker und besprengten sie mit Weihwasser. Inzwischen wurden aus dem geweihten Palmenzweigenholz kleine Kreuze gemacht. Diese wurden nach dem Mittagessen beim sogenannten »Grünausgehen« an jedem bebauten Acker aufgestellt.

Ein Fest war das Mittagessen am Ostersonntag. Nur zu Ostern und Weihnachten wurde Rindfleisch gekauft. Das Festessen ging nach folgender Reihenfolge vonstatten: Zuerst kam das Weihfleisch auf den Tisch: ein großes Oval mit einem Berg von bestem Selchfleisch, Eiern und selbstgemachten Würsten beladen, dazu geweihtes

Bäuerin beim Brotbacken. Südburgenland.

Ein- bis zweimal im Jahr wurden Schweine geschlachtet. Nach getaner Arbeit kamen Verwandte, Freunde und Hausangestellte zum Schlachtfest zusammen. Ober-Retzbach/NÖ., in den fünfziger Jahren.

In der Küche von
Schloß Neuberg
bei Hartberg in
der Steiermark,
1927.

Essenszubereitung in einer Rauchkuchl in Osttirol.

Bauernfamilie und Magd beim gemeinsamen Essen; über dem Eßtisch der traditionelle Herrgottswinkel. Filzmoos/Salzburg, um 1930.

Oberkärntner Bauernfamilie und Gesinde am Eßtisch, Ende der fünfziger Jahre.

Speisesaal von
Schloß Neuberg
bei Hartberg in
der Steiermark,
1927.

Drei Männer bei der Weinverkostung am Kellereingang. Ober-Retzbach/NÖ., um 1930/40.

Eine bestandene Prüfung war damals wie heute ein Grund zum Feiern, 1940.

Delikatessengeschäft und Espresso, Wien, um 1930.

Konsumverein in Leobersdorf, Niederösterreich, 1924.

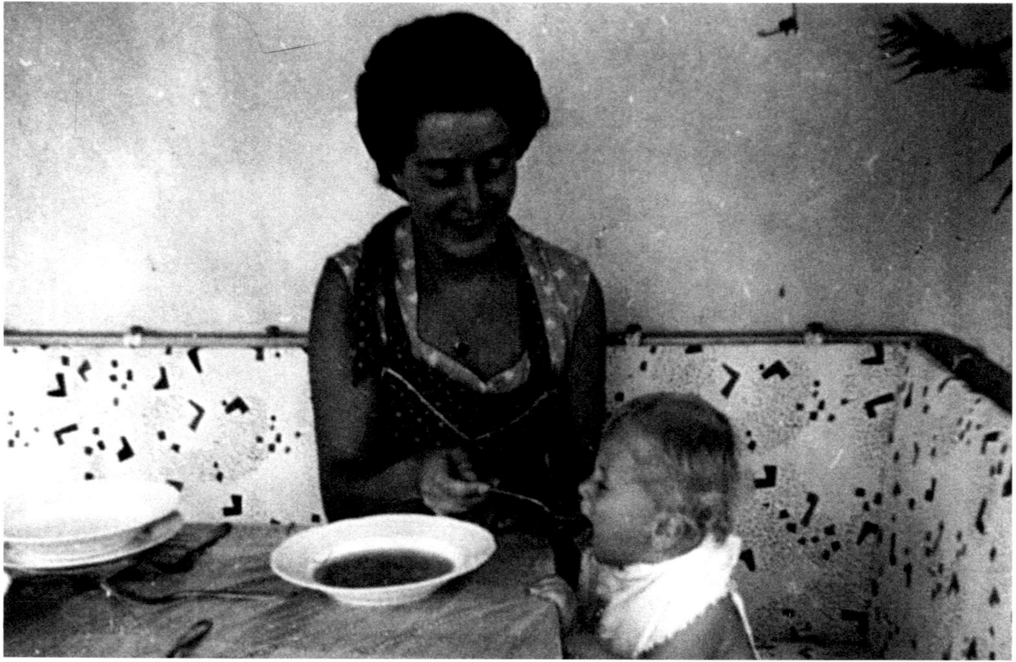

Frühe Gewöhnung an das Essen mit dem Löffel, 1956.

Brot; dann Nudelsuppe mit Rindfleisch als Einlage und anschließend Rindfleisch mit Semmelkren. Nun kam der Schweinebraten mit Salat auf den Tisch, dann Hühnerfleisch, Gugelhupf, Krapfen und Dörrpflaumen mit Rum oder Schnaps. Und dies alles nach vierzigtägigem Fasten. Diese Gaumenfreude war unbeschreiblich.

Diesen Brauch habe ich beibehalten. Vor Festtagen faste ich tage- und auch wochenlang intensiv und kann mich dann riesig auf das Festessen freuen, das ich dann unbedenklich verzehren kann, da der ganze Organismus ausgeruht ist und viel aufnehmen kann mit Genuß.

Hermine Prevolschek

wurde am 20.12.1919 als jüngstes von insgesamt acht Kindern auf einem Bauernhof in Wöbling bei Graz in der Steiermark geboren. Nach dem Besuch der Volksschule arbeitete sie auf dem elterlichen Hof, den sie zum Zeitpunkt der geschilderten Ereignisse gemeinsam mit ihrer Schwester bewirtschaftete. Hermine Prevolschek lebt heute in Hart bei Graz (Steiermark).

Angeregt durch einen Artikel vom Februar 1994 in der österreichischen Tageszeitung »Neue Kronen Zeitung« verfaßte Hermine Prevolschek bisher zwei Texte und schickte sie an die Dokumentation lebensgeschichtlicher Aufzeichnungen in Wien. Die folgende, fast vollständig wiedergegebene Erzählung handelt von den Erlebnissen der Autorin kurz vor dem Ende des Zweiten Weltkrieges.

Hunger tut grausam weh

Ich beginne mit Ostern 1945. Manch eingefleischter Fanatiker von einst hatte seinen Irrtum eingesehen. Nur wenige waren es noch, die glaubten, mit Haß und Verrat der Gewalt zum Siege zu helfen. Vor ihnen mußte man bis zur letzten Stunde auf der Hut sein. Gott sei Dank konnten sie nicht all ihre Pläne verwirklichen!

Doch auch die Not und das Leid wuchsen immer mehr, und der Schrei nach Hilfe war unüberhörbar. Aber die Möglichkeit zu helfen wurde immer geringer. Sechs Jahre Krieg hatten jeglichen Vorrat genommen.

Und doch – es war wie das Wunder der Brotvermehrung – war immer noch so viel geblieben, um keine Bittenden abweisen zu müssen.

An jenem Ostersonntag war unsere Nachbarin voller Aufregung gekommen. Sie war eine kluge Frau. Immer wußte sie als erste alle Neuigkeiten zu berichten. Deshalb nannte man sie im Ort die »Tagespost«. Sie kam und drängte uns, alles aus dem Hause wegzuschaffen, was irgendwelchen Wert habe. »Die Russen sind schon vor der Tür«, rief sie. »Und wo sie hinkommen, dort bleibt nichts zurück. Sie morden, rauben, plündern und vergewaltigen. Vergrabt alles irgendwo im Freien, wir werden fliehen müssen.« Sie selbst habe schon alles vergraben.

So ging auch ich an jenem Ostersonntag in den Garten und begann ein Loch zu graben. Ein tiefes Loch sollte es werden, um eine große Holzkiste versenken zu können. Es war der einzige Ostersonntag meines Lebens, an dem ich solch schwere Arbeit getan habe.

Plötzlich sah ich einen Schatten neben mir. Als ich mich umwandte, stand da ein fremder Mann. Groß, jung, mager. Er fragte, ob er mir helfen dürfe? Dies sei keine Arbeit für eine Frau, meinte er. Er nahm den Spaten und fing zu graben an. Nun ging es viel schneller. Die Grube wurde tiefer. Ich aber war mißtrauisch. Was wollte dieser Mann, und was wußte er? War er ein Spitzel? Sechs Jahre Krieg, sechs Jahre Gefahren aus vielen Richtungen hatten das Vertrauen zu den Menschen geschwächt.

Endlich meinte er, die Grube müsse reichen. Ob er die Kiste holen könnte? Er wußte also, daß wir etwas vergraben wollten. Nun konnte ich nicht mehr ausweichen. Also ließ ich den Dingen ihren Lauf. Er half, die Vorräte in die Kiste zu schaffen, verschloß sie und zeigte mir, wie man sie später wieder öffnen konnte. Ich hörte nur mit halbem Ohr zu. Zu sehr quälte mich die Ungewißheit, was dieser Fremde eigentlich wollte. Als alles fertig war, blieb mir wohl nichts anderes übrig, als ihn ins Haus zum Osteressen zu laden.

Meine Schwester und ich – wir waren nun allein, weil die anderen Geschwister ihren eigenen Weg gegangen waren – hatten für das Osterfest ein Kalb »schwarz« geschlachtet. Es wäre uns ohnehin genommen worden. So redeten wir uns gegenseitig Mut zu und schlachteten das Tier. Es war das erste und einzige Mal in unserem Leben. Und wenn wir es auch genauso gut machten wie jeder Metzger, wir mußten uns schwer überwinden, den Braten zu essen. Es wollte einfach nicht schmecken.

Umso freudiger langte unser Gast zu. Er sagte, er habe seit vielen Jahren nicht mehr so gut und so reichlich gegessen. Als er satt war, begann er zu erzählen. Sein Name war Franz. Er stammte aus Holland. Nach der Besetzung seiner Heimat durch die Deutschen wurde er nach Österreich zum Arbeitsdienst an ein Werk in Thondorf südlich von Graz verpflichtet, wo kriegswichtige Geräte erzeugt wurden.

Ich traute ihm noch immer nicht. Sein gut verständliches Deutsch irritierte mich. Immer noch fürchtete ich in ihm einen Spitzel, der uns verraten würde, einem Ausländer Speise gegeben zu haben. Oder er kommt während der Nacht mit seinen Leuten und räumt unsere vergrabenen Vorräte aus. Er blieb bis zum Abend. Als er ging, schaute er noch oft zurück, als wolle er sich alles genau einprägen. Ich hatte Angst. Ich blieb die ganze Nacht wach.

Gewiß war ich ein schlechter Menschenkenner. Es kam weder eine Anzeige, noch kamen Diebe in der Nacht. Nur Franz kam wieder. Er erzählte, daß plötzlich das ganze Werk stillstehe. Die Maschinen habe man abtransportiert, die Herren Ingenieure seien verschwunden. Was mit den Fremdarbeitern geschehen sei, wisse er nicht. Er bat, ob er bleiben dürfe, bis wieder Ordnung geschaffen würde. So blieb er bei uns durch jene Zeit, die ich als Tage zwischen Krieg und Frieden bezeichnen möchte.

Er wurde uns ein guter Freund. Es war eine ehrliche, selbstlose, treue Freundschaft, die weder Trennung noch Entfernung durchs ganze Leben brechen konnten. Noch immer wechseln Briefe aus Rotterdam und Hart ihre Empfänger.

Zwei Tage nach den Osterfeiertagen kam wieder unsere Nachbarin und verkündete, die Russen seien zurückgeschlagen worden. Wir bräuchten keine Angst mehr zu haben. In kürzester Zeit würden die Amerikaner bei uns eintreffen. Das war wie eine Botschaft vom Himmel. Unsere Vorstellung von den Siegermächten war derart naiv, wir ordneten sie ein wie Tag und Nacht, wie Himmel und Hölle. Wir dachten nicht daran, daß es Menschen waren, ob sie nun aus dem Osten oder aus dem Westen kamen, und daß Menschen jeder Rasse und Nationalität gut und böse sein können. Wir lebten in einer unbeschreiblichen Hoffnungsstimmung auf die Amerikaner.

Wir gingen wieder aufs Feld und wollten den Acker für die Kartoffelsaat richten. Da kam aus dem nahegelegenen Wald eine Gestalt auf uns zu, kroch auf dem Boden, als sei es ein krankes Waldtier oder ein angeschossener Hund. Als ich nachsehen wollte, richtete sich die Gestalt auf und ging mit raschen Schritten auf mich zu. Es war ein Soldat in deutscher Uniform.

Ein abgezehrter Mann, mager, bärtig, schmutzig, herabgekommen. Er redete hastig, beinah unverständlich. Ob der Krieg zu Ende sei, fragte er. Wir mußten leider antworten: »Nein. Die Amerikaner sind noch immer nicht da.« Er sagte, seine Einheit habe sich aufgelöst; alles sei zerschlagen worden. Über die Leichen unzähliger Kameraden und Feinde sei er gestolpert, geflohen. Er wolle nicht mehr in den Krieg, er wolle heim nach Salzburg. Auch er wolle sein Feld bestellen und arbeiten. Er wolle nicht mehr töten. Und dann bat er kleinlaut, verschämt, ob wir für ihn ein Stück Brot hätten?

Wir hatten im Jausenkorb Brot und Apfelmost. Ich schnitt ihm ein großes Stück ab, und er biß gierig hinein. Doch bald sagte er: »Ich muß es meinem Kameraden bringen. Er ist im Wald und hat sich nicht herausgewagt. Aber auch er hat Hunger.« Da gaben wir ihm alles Brot, das wir hatten, und die Flasche mit dem Apfelmost. Aus ganzem Herzen und aus ganzer Seele wünschten wir ihnen eine glückliche Heimkehr nach Salzburg.

Doch ich hatte Angst für sie. Deserteure wurden mit dem Tod bestraft. Ich hatte es gesehen, als ich wenige Tage vorher in der Stadt war. Da lagen auf einem Gehsteig neun deutsche Soldaten auf dem Boden. Jeder hatte auf der Brust ein Schild, darauf stand geschrieben »Verräter«. Mit einem Kopfschuß hatte man sie niedergestreckt, Österreicher von Österreichern.

Viele Menschen, die vorübergingen, wagten es nicht einmal hinzusehen. Wegen der Feldgendarmerie, die Posten stand, als hätten sie Angst, daß diese Toten aufstehen würden. Sie standen nicht mehr auf. Fliegen, Schwärme von schwarzen Fliegen bedeckten ihre Gesichter und schwirrten um die Unglücklichen.

Das war der Lohn für sechs Jahre Kriegsdienst, für Jahre der Entbehrung, der körperlichen und geistigen Not. Eine Kugel in den Kopf, weil sie wußten, es war ein verlorener Krieg, weil sie nicht mehr sinnlos töten, weil sie heimkehren wollten. Ich lief aus der Stadt, konnte keinen Menschen mehr sehen. Ich begann, sie zu hassen, diese Menschen, die fähig sind, alles abzuschütteln mit dem einen teuflischen Satz: »Es ist eben Krieg.« Ich hatte auf jenem Heimweg geweint, weil ich an die Mütter denken mußte, die ihre Söhne mit Liebe empfangen, mit Schmerzen geboren hatten und mit großen Opfern heranwachsen sahen. Nun lagen sie dort als Schandmal, als Verräter, ein Fraß der Fliegen.

Ich nahm mir in jener Stunde vor, niemals für diese grausame Welt einen Sohn zu gebären. Später wurde ich trotzdem Mutter von zwei Söhnen. Mein Haß legte sich, als ich dort am Kartoffelacker eine so große, selbstlose Liebe erfuhr. Hier wollte einer – ausgehungert – sein Stück Brot seinem Kameraden bringen. Welch Gegensatz! Und welch Trost!

Am nächsten Tag wollten wir die Saatkartoffeln in die Erde bringen. Kaum hatte der Morgen begonnen, als von der Straße ein seltsames Gemurmel hörbar wurde. Es kam näher und näher. Was war es? Ein feindliches Fluggeschwader? Nein, es klang anders. Es klang wie das Wehklagen einer ganzen Menschheit.

Und dann stockte unser Herzschlag. An die Fensterstäbe klammerten sich Hände, viele Hände, knöcherig, wie aus den Katakomben, und Schreckgesichter starrten uns durch die Gitter entgegen. Häßliche Totenköpfe, einer wie der andere. Es waren keine Totenköpfe. Menschen waren es, geschlagene, gedemütigte, getretene Menschen. Sie schrieen mit heiseren Stimmen: »Seid barmherzig, auf daß auch der Gott Abrahams und Jakobs mit euch barmherzig ist.« Immer dieselben Worte riefen sie.

Da erkannten wir sie. Es waren ungarische Juden, die aus einem Lager in die Gaskammer getrieben wurden.* Ich weiß nicht, wie viele es waren. Waren es Hunderte, oder ging es in die Tausende? Plötzlich war unser ganzes Tal voll dieser erbarmungswürdigen Gestalten, zum Skelett abgemagert, in Lumpen gehüllt, die meisten von ihnen ohne Schuhe, nur blutige Fetzen um die Füße gewickelt. Wie konnte man einer solch großen Menge auch nur die kleinste Hilfe geben? Sie gingen in den Keller und holten sich die rohen Kartoffeln, aßen sie mit einer Gier, wie ich es noch nie zuvor bei Tieren gesehen hatte. Sie nahmen unsere letzten Saatkartoffeln, die wir am selben Tag legen wollten. Hunger tut grausam weh!

---

* Dabei handelte es sich um ungarische männliche Juden, die entweder beim Bau des Südostwalles tätig waren oder aus einem der evakuierten Lager in der Steiermark stammten und nach Mauthausen getrieben werden sollten. (Anmerkung des Herausgebers)

Sie wußten es alle, daß sie in den Tod gingen. Keiner versuchte zu fliehen. Es hätte auch nichts genützt. Ihr Ende war die Gaskammer, sie wußten es. Trotzdem kam einer und bat mich um ein Aspirin. Sein Freund sei krank, habe große Schmerzen. Ich wollte Aspirin suchen. Aber da stand der SS-Mann vor mir. Er schrie, ob ich denn nicht wisse, welche Strafe es bedeute, diesen jüdischen Schweinehunden etwas zu geben.

Seltsamerweise hatte ich keine Angst. Ich schaute ihm ins brutale Gesicht und fragte: »Was dann, wenn zufällig Sie der kranke Jude wären. Dürfte ich Ihnen auch nicht helfen?« Die Frage überraschte ihn. Betroffenheit lag in seinem Blick. Doch dann kam die grausame Antwort: »Ich würde zuerst meine Mutter, das Judenweib, töten. Dann den Vater und zuletzt mich. Juden müssen ausgerottet werden. Aber ich bin kein Jude!« Als ich mich von ihm abwenden wollte, redete er weiter. Er schaute in weite Fernen und sagte: »Auch mich werden sie bald treiben. Auch ich habe mein Zeichen in das Fleisch geschrieben. Nach Sibirien werden sie uns treiben. Auch ich werde verrecken und keiner wird mit mir Mitleid haben. Aber jetzt sind noch die anderen dran.« Er lachte ein häßliches Lachen und schwang sich aufs Pferd, ließ die Peitsche über die Köpfe seiner Getriebenen sausen und ritt davon.

Ich fragte mich, wer nun wohl bedauernswerter sei: diese Menschen, die bei aller Not noch an den Gott Abrahams glauben und hoffen, oder dieser SS-Mann, der seine Angst nur in Haß und Grausamkeit abreagieren konnte? Es gab in jener Zeit so viele Fragen ohne Antwort.

Wir konnten nun keine Saatkartoffeln legen. Sie waren weg. Die Sorgen wuchsen. Wohin, in welche Zukunft gehen wir? Das kann doch nie mehr gut werden. Doch dann sahen wir die ersten Frühlingsblümchen aus der Erde sprießen, und Vögel zwitscherten in den Sträuchern der Forsythien und des Flieders. Sie wußten nichts von Haß und Grausamkeit. Vielleicht würden es auch wir einmal vergessen. So gingen die Tage dahin, und jeder brachte neue Aufregungen.

... So kam der 8. Mai 1945. Wieder war es unsere gute Nachbarin, die an unsere Tür pochte und uns aus dem Schlaf holte. »Auf«, rief sie, »die Russen sind da!« – »Nein, doch nicht die Russen«, sagte ich. »Wo sind die Amerikaner?« – »Die kommen nicht mehr. Die Russen sind da!« Und sie lief zum nächsten Nachbar, um die Schreckensbotschaft zu verkünden.

... Plötzlich war unser Hof voll Russen und ihren Pferden. Zuerst mußten wir für die Rösser der Offiziere im Stall Platz machen. Alle übrigen Pferde – die große Menge – wurden ins Kleefeld gejagt. Einer kam und befahl, sie bräuchten zwei frisch bezogene Betten für die Offiziere. Wir taten es ohne Widerrede. Dann nahmen sie die Küche in Beschlag. Sie fingen und töteten ein paar Legehühner und rupften sie.

Es störte sie nicht, wenn noch ein beträchtlicher Teil der Federn daranblieb, und sie gaben die Hühner in einen großen Topf, den sie mitgebracht hatten. Wir mußten Feuer machen. Auch Kartoffeln hatten sie mitgebracht. Von uns wollten sie Zwiebeln. Aber es gab bei uns keine Zwiebeln mehr. Ich brachte eine Stange Porree. Darauf sagte der russische Koch: »Was bist du für eine Hausfrau? Das ist keine Zwiebel, das ist Lauch.« Er ritt davon und kam bald wieder mit einer Handvoll Zwiebeln.

Nun mußte meine Schwester in der Küche Kartoffeln schälen. Dabei zitterten ihre Hände vor Angst derart, daß sie einfach nicht schälen konnte. Der Russe fragte: »Hast du Angst, oder bist du schon so alt, daß du so zitterst?« Und meine Schwester antwortete: »Ja, ich bin alt. Angst? Warum soll ich Angst haben? Ihr tut uns doch nichts?« Da lachte der Mann und half ihr beim Schälen. Zur selben Zeit mußte ich im Zimmer für die hohen Herren nähen. An die Krägen ihrer Uniformen mußte ich schmale, weiße Stoffstreifen nähen.

Zwei Männer standen daneben und kontrollierten, ob ich die Arbeit wohl richtig mache. Dabei erzählten sie die schaurigsten Geschichten, was deutsche Soldaten mit russischen Frauen gemacht hätten. Und ich sagte: »Aber ihr macht so etwas nicht? Ihr seid doch gute Menschen?« Ich glaube, das hatte ihnen gefallen. Doch Gott allein weiß, wie oft ich mir in jener Stunde in den Finger gestochen habe.

Inzwischen hatte meine Schwester die Kartoffeln geschält und geviertelt. Der Koch gab sie in den Topf zu den Hühnern, die er, halb gar, mit den Händen zerriß. Die Stücke warf er wieder in den Topf und würzte mit Salz, Pfeffer und viel Paprikapulver. Dann gab er die Zwiebeln dazu und schüttete aus einer Flasche einen kräftigen Schluck Wodka hinein.

Er rief einem Soldaten ein paar russische Worte zu, worauf dieser sich entfernte, um doch bald wieder mit einem großen Glas Powidlmarmelade aufzutauchen. Er hatte es aus der Speisekammer unserer Nachbarin geholt. Sie selbst hielt sich schon im Wald versteckt. Der Koch schüttete die Marmelade zum Eintopf, kostete, schnalzte mit der Zunge und sagte etwas auf russisch. Es schien ihm zu schmecken.

Nun wurde uns befohlen, den Tisch zu decken. Die einfachen Soldaten bekamen ihren Blechnapf gefüllt und mußten im Freien auf dem Boden sitzend essen. Der Tisch war für die Oberen, Kommissare, wie sie sich nannten. Wir beide, meine Schwester und ich, mußten zwischen ihnen sitzen und bei der »köstlichen« Mahlzeit mithalten. Welch eine Aussicht! Was für ein Duft! Die schlecht geputzten Hühner, der Wodka, die Zwiebeln und die Marmelade! Ein unvergleichliches Aroma!

Ich versuchte, so gut es mir gelang, nur Kartoffeln auf meinen Teller zu schöpfen. Die Russen aber ließen es sich schmecken, tranken immer mehr Wodka dazu und wurden immer lauter. Sie unterhielten sich auf russisch, und immer gefährlicher wurden ihre Blicke. Da sagte ich, wir müßten hinaus, uns übergeben, und das war keine große Lüge. Wir fühlten uns todübel. Draußen stolperten wir über die schlafenden und betrunkenen Soldaten.

Wir liefen quer über die Wiese bis zu einem kleinen alten Obstgarten, kauerten uns hinter einen dicken Stamm. Da wollten wir die Nacht verbringen. Die Russen, nachdem sie ihren Eintopf ratzeputz aufgegessen hatten, begannen Leuchtraketen in den dunklen Nachthimmel zu schießen. Es waren wunderschöne Raketen, wie wir sie nie zuvor gesehen hatten. Doch die Angst war stärker als die Freude an diesem faszinierenden Anblick.

So ging die erste Nacht mit den Russen vorbei. Am Morgen brachen sie wieder auf und zogen weiter. Ein Pferd blieb auf dem Kleeacker liegen, aufgebläht, tot. Ein anderes wunderschönes Pferd ließen sie uns zurück. Der Kommissar sagte, es sei ein Geschenk für die freundliche Aufnahme. Doch kurze Zeit später kam er wieder, sattelte das Pferd und ritt davon.

... Als sie alle weg waren, hofften wir, der Spuk sei zu Ende. Dem war leider nicht so. Es wurde schlimmer, immer schlimmer. Auch wir mußten in den nächsten Nächten in den Wald flüchten.

... Im Wald trafen wir auch andere Frauen und deren Töchter. Großer Gott, wie sie aussahen! Wie die Hexe von Hänsel und Gretel. Nein, noch viel häßlicher! Ein Russe sah sie und sagte: »Habt ihr deutschen Frauen keine Seife? Seid ihr ein Volk von Säuen?« Sie hatten sich die Gesichter mit Ruß geschwärzt und lange, zerfetzte Röcke angezogen. Wir wurden mutlos. Die Nächte im Wald waren noch kalt, wir bekamen alle die Ruhr. Sterbenselend fühlten wir uns. Und noch immer keine Hoffnung auf Abzug der Russen.

... Allmählich wagten wir uns aber wieder auf die Felder, und auch die Dorfkirche füllte sich am Sonntag wieder. Am Abend gingen die Leute sogar zur Maiandacht. An solch einem Abend – ich war allein daheimgeblieben – ging ich auf den Hügel hinter unserem Haus, um Ausschau zu halten, ob die Straße noch immer von den heimkehrenden ukrainischen Fremdarbeitern besetzt war. Da faßte mich jemand am Knöchelgelenk. »Ein Russe«, schrie ich und wollte mich losreißen. Da sah ich auf dem Boden liegend vier Köpfe.

Vier Augenpaare blickten mich an, in denen Verzweiflung lag, Resignation und die Schatten des Todes. Einer hauchte: »Sind Russen da?« Als ich verneinte, glaubten sie mir nicht. Eine Angst war in diesen vier Menschen, wie ich sie noch nie erlebt hatte. Als ich sie einlud, mit mir zu kommen, konnten sie sich kaum noch auf den Füßen halten. Vier blutjunge, deutsche Soldaten waren es, die sich vor der russischen Gefangenschaft fürchteten. Fast zwei Wochen lagen sie schon im Wald, hatten sich mit jungen Blättern und Gras genährt und starben nun beinahe vor Hunger und Durst.

In jener Zeit konnten wir keine Milch abliefern. Alles stand still. So ernährten wir uns hauptsächlich von Milchgerichten. Auch an jenem Abend stand ein großer Topf voll Hirsebrei auf dem Herd. Wir nannten es »Kascho«. Woher dieser Name stammte, weiß ich nicht. Hirse hatten wir aus eigener Ernte, und Milch gab es im Überfluß. Ich lud die vier Männer ins Haus und stellte ihnen eine große Schüssel voll »Kascho« vor. Keiner wollte sich setzen.

Sie aßen stehend und ließen nicht zu, daß ich mich entfernte. Sie trauten mir nicht. Es war kaum vorstellbar, wie schnell sie die erste Schüssel leerten. Ich füllte sie ein zweites Mal. Erst jetzt redeten sie ein paar Worte. Sie waren Preußen und hatten der SS angehört, junge, verführte, verblendete Knaben. Vielleicht waren sie mutig genug gewesen zu töten. Zum Sterben fehlte ihnen noch der Mut. Als sie gingen, sagten sie, ich hätte ihnen das Leben gerettet. Ich dachte: »Vielleicht für einen Tag, vielleicht für viele Jahre?« Wer konnte das damals sagen?

Sie krochen wieder auf dem Boden in die andere Richtung des Waldes, nach Westen. Die Angst war geblieben, doch der Körper hatte wieder etwas Kraft. Ich schaute ihnen nach, bis sie im Wald verschwanden, und dachte: »Vielleicht wird einmal einer seinem Kind erzählen von einem kleinen Bauernhaus am Berghang und von einer Schüssel Kascho? Vielleicht werden sie in Sibirien ihr junges Leben lassen? Vielleicht wird es einmal keine Kriege mehr geben? Vielleicht kommt einmal der Frieden?«

Die anderen kamen aus der Maiandacht. Sie gingen ohne »Kascho« ins Bett. Doch am nächsten Tag gab es ihn wieder. Allmählich begann sich alles zu normalisieren. Die Milchführer fuhren wieder in die Stadt, und die Städter kamen aufs Land, um Lebensmittel einzutauschen, manchmal gegen ihr letztes Bettuch. Uhren und Ringe wechselten ihre Besitzer. Der Hunger tat weh. Doch der Glaube an die Heimat ließ alle Schwere leichter ertragen.

So kam der Frühsommer und das Fronleichnamsfest. Nach sieben Jahren des Verbotes durfte wieder die Fronleichnamsprozession abgehalten werden. Es war ein Fest des Sieges, des Triumphes, der unbeschreiblichen Freude! Man durfte die Monstranz wieder über die Felder tragen. Frauen des Ortes hatten am Tag zuvor die Altäre gerichtet und mit den schönsten Blüten, die der Frühling bot, geschmückt. Wir zogen durch blühende Wiesen entlang eines kleinen klaren Bächleins. Dort, wo der Wald begann, war der erste Altar aufgerichtet. Doch welch ein Schrecken!

Als wir hinkamen, saßen auf dem Tisch, auf dem schneeweißen Linnen, zwei Russen und verzehrten ihre Jause. Sie aßen Speck und Brot und tranken aus einer Flasche. Einer unserer Männer redete mit ihnen. Sie waren sichtlich erschrocken, räumten ihren Proviant weg, verstauten alles in ihren Taschen und mischten sich unter die Menge.

Sie schauten und lauschten, als wir unsere Lieder sangen, beugten mit uns das Knie, als der Pfarrer mit der Monstranz den Segen gab, und reichten einigen Männern die Hand und lachten freundschaftlich. Dann gingen sie noch ein Stück des Weges mit uns. Ich glaube, in jener Stunde hatte ein Stückchen Frieden begonnen. Ein gesegneter Frieden!

Franz Hamminger

wurde am 16. Mai 1920 in Micheldorf (Oberösterreich) als einziges Kind eines Sensenschmieds und einer Hausfrau geboren. Er besuchte die Volksschule und drei Klassen der Hauptschule. Von 1935 bis 1941 und von 1946 bis 1951 war er als Rauchfangkehrer tätig. Dann wurde er zum Lackierer umgeschult und arbeitete in diesem Beruf bis zu seiner Pensionierung im Juli 1980.

Aufgrund eines im Februar 1994 in der österreichischen Tageszeitung »Neue Kronen Zeitung« erschienenen Artikels schickte er verschiedene kürzere Texte an die Dokumentation lebensgeschichtlicher Aufzeichnungen in Wien, von denen hier einer vollständig wiedergegeben ist.

Die dampfende Schüssel Stosuppe und das Stück Brot

Jänner 1935, eine Mutter bringt ihren schulentlassenen Buben zum Bahnhof. Weit weg von daheim, im unteren Mühlviertel, fand sich eine Lehrstelle als Kaminfeger. Der Bub wäre so gerne Schmied geworden, doch es gab weit und breit keinen Lehrplatz. Die Hämmer standen still in der Krisenzeit der dreißiger Jahre.

Die Fahrt in einen neuen Lebensabschnitt beginnt. Schnell reicht ihm die Mutter den Rucksack nach, drückt ihm den Zettel mit den Umsteigebahnhöfen Linz, St. Valentin und Grein in die Hand, und als der Zug abfährt, wischt sie sich die Tränen weg, die ihr über die Wangen rollen. Obwohl es seine erste weitere Reise ist, kommt keine Euphorie bei ihm auf.

Teilnahmslos saß er am Fenster, und erst als sich ein gewisses Hungergefühl einstellte, wurde er lebendig, holte sich den Rucksack vom Gepäckträger und tat sich an den Marmeladebroten gütlich, die ihm seine Mutter als Wegzehrung in die Seitentaschen gestopft hatte. Genüßlich verzehrte er die mit hausgemachter Apfelmarmelade bestrichenen Brote, nicht ahnend, welch immense Bedeutung Brot in den vor ihm liegenden vier Lehrjahren für ihn bekommen würde. Es wurden nicht nur die härtesten Zeiten seines Lebens, denen er entgegen ging, sondern auch den Hunger, in all seinen Facetten, sollte er kennenlernen – langsam spürend, bohrend, sich nicht mehr verdrängen lassend und so zum täglichen Trauma werdend.

Von Montag bis Samstag abends war das Bübchen unterwegs, von Hof zu Hof, von Keusche zu Keusche. Daß er mal im Heu, mal auf Hobelscharten schlafen mußte, die im Winter zuhauf in den Bauernstuben lagen, da alle Hausgeräte, vom Holzschuh bis zum Krautfaß, im Winter dort angefertigt wurden, machte ihm nichts aus. Oft schlief er im Stall, auf einem Schwaben Stroh, den man ihm am feuchten Boden ausbreitete.

Er war oft so müde, daß ihm das Stampfen der Pferde, das Blöken der Schafe, das Quieken der jungen Ferkel, ja nicht einmal der verhaltensgestörte Hahn mit seinem nächtlichen Gekrächze den Schlaf rauben konnten. Bei den Übernachtungshäusern gab es Frühstück und Abendessen – für den Buben oft das einzige warme Essen eines langen Tages.

Das Warten auf das Nachtmahl, das es erst nach der Stallarbeit gab, dauerte in manchen Häusern sehr lange, und so kannte er den Reimmichlkalender, mit dem er sich die Zeit des Wartens vertrieb, bald von vorne bis hinten auswendig. Er zweifelte auch an der Sinnhaftigkeit der Gebete vor dem Essen, wo oft schon nach dem vierten »Vaterunser« die Ellbogen des Bauern die nötige Andacht wiederherstellen mußten. Dem Buben war es nicht zu verdenken, daß er nur eines sah: Die dampfende Schüssel Stosuppe und das Stück Brot, welches für jeden bereitlag.

So wurde Brot für ihn zum Inbegriff des Sattseins. Nichts ging verloren, jede Krume pickten seine schwarzen Finger vom Tisch, ob steinhart oder vom Schimmel durchzogen, es störte ihn nicht. Nur die Behauptung, vom Schimmel lerne man schön singen, bewahrheitete sich nicht. Kein Opernsänger ging an ihm verloren. Allmählich lernte er auch, genußvoll mit Brot umzugehen. Nicht heißhungrig wie anfangs verschlang er sein Stück Brot, sondern bedacht, wie eine Zeremonie, ja fast wie eine kultische Handlung, war der Verzehr seines Stück Brotes.

Besonders schwer war es für ihn um die Mittagszeit, wenn er, vom beißenden Rauch umgeben, seinen Körper im Kamin höher und höher schob und ihm der Duft dampfenden Krautsalates in die Nase stieg. Immer wieder hin- und hergerissen zwischen Hoffen und Bangen, ob nicht doch ein Schüsserl Kraut oder ein dickes Butterbrot für ihn abfallen würde, betrat er erwartungsvoll die Stube.

Groß war die Entäuschung, wenn nichts daraus wurde.

Da stand er dann draußen vor der Haustür, den Tränen nahe, seine schwarzen Hände geballt und Verwünschungen ausstoßend, just so, wie der kleine Leibhaftige, dem eine arme Seele entwischte. Viel später kam er zu der Erkenntnis, daß er mit seinen Verwünschungen ungerecht war, denn wie soll der Satte wissen, ob jemand Hunger hat, wenn der Hungrige es sich nicht zu sagen getraute?

Aber es gab auch einige Tage, an denen er satt wurde. Das waren die Tage daheim beim Meister und die, wenn er einige Male eine Jause bekam oder ihm eine Bäuerin leichtfertig, sozusagen zur freien Entnahme, den ganzen Laib Brot hinschob und er sich ohne falsche Bescheidenheit Keil um Keil heruntersäbelte.

Als seine Lehrzeit beendet und der Arbeitsplatz gewechselt war, blickte er oft zurück, nicht in Bitterkeit oder gar Zorn, nur eben um Erfahrungen reicher. Er lernte das harte Leben der Menschen damals kennen und auch ihre Gastfreundschaft. Freundschaften begannen, die ein ganzes Leben hielten. Aber die Vergangenheit holte auch ihn noch einmal ein.

1946 – Kriegsgefangenenlager, zwölf Mann, ein Brot. Mißtrauisch beäugt jeder die Abwaage der Schnitten und wieder wird Brot zum Inbegriff des Sattseins. Er war kein Held, er tat etwas, was Abertausende tun mußten. So fiel es ihm auch nicht schwer, sich von seinem EK 2 und dem Marineabzeichen zu trennen, als ihm der kanadische Wachsoldat einen Wecken Brot dafür gab.

Alt geworden, dem Hunger längst entrückt, erfüllt es ihn immer wieder mit Traurigkeit, wenn er sieht, wie ganze Wecken aus der Mülltonne ragen, Wurstbrote unter Schulbänken verdorren und sich Nacktschnecken auf weggeworfenen Butterbroten im Straßengraben breitmachen. Brot – degradiert zum Wegwerfartikel?

Erika Payr

wurde am 11. Juli 1921 in Innsbruck (Tirol) geboren. Sie ist das zweite Kind eines Versicherungsdirektors und einer Hausfrau. Nach einem Jahr Privatunterricht besuchte sie die Volksschule in Innsbruck, anschließend zuerst die Ursulinenoberschule, dann ein öffentliches Gymnasium und schloß mit der Matura ab. In den Kriegsjahren war Erika Payr als Buchhalterin tätig.

Die hier veröffentlichte Erzählung stammt aus einer Anzahl verschiedener kurzer Erinnerungstexte, die Erika Payr aufgrund eines im Februar 1994 in der österreichischen Tageszeitung »Neue Kronen Zeitung« erschienenen Artikels verfaßte und der Dokumentation lebensgeschichtlicher Aufzeichnungen in Wien geschickt hat. Sie bezieht sich auf die Zeit ihrer Kindheit in Innsbruck.

Ein großes G'riß war um die Mühlen- und Brauerei-Ochsen

Es gab weder Kühlschrank noch Tiefkühltruhe, höchstens einen kühlen Keller. Bei der Monatsbestellung, die der Kaufmann ins Haus lieferte, konnten also nur haltbare Lebensmittel angeschafft werden. Das waren Mehl, Zucker, Grieß, Reis und Nudeln, die keineswegs in Kilopackungen gehandelt, sondern extra ausgewogen wurden. Mehl gab es zeitweise in Stoffbeuteln, die aufgetrennt als Taschentuch benutzt werden konnten. Aber alles andere wurde aus Schubladen in Papiersäcke geschaufelt.

Mama bestellte auch immer eine Salami und eine Kugel Edamer, die abwechselnd unsere Schuljause – eine Semmel – anreicherten. Die Semmeln hingen frühmorgens an der Tür, samt Kipferln und anderen Sachen. Der Bäckerjunge hatte das leere, mit Namen bestickte Sackerl am Vortag mitgenommen, und so ging das Tag für Tag, natürlich auch samstags.

Was man frisch kaufen mußte, bot der Markt, der damals auch ganz anders aussah. Dort, wo heute die Tiefgarage ist, war – neben dem »Churrasco-Haus« – die Markthalle, welche jedoch hauptsächlich dem Engros-Geschäft diente. Sie war ebenso hoch wie das »Churrasco«. An der Westseite war eine Wild- und Geflügelhalle, wo die Tanten unseres nachmaligen Fischhändlers Frühauf einen der drei Stände innehatten. Hinten, zum Inn hinaus, waren zwei Pferdemetzger. Die Obst- und Gemüsestandln aber waren Jahr und Tag unter freiem Himmel aufgebaut, da hatte jeder seine Stammkunden.

Gegenüber, unter den Fenstern der alten Ursulinenschule, war keine Fahrstraße, sondern auf einem breiten gepflasterten Platz war der Produzentenmarkt. Bauern aus Arzl und Thaur boten ihr Sauerkraut an und im Sommer alles, was Feld und Garten gerade hergaben. Sie mußten akzeptieren, daß die Hausfrauen mit spitzen Fingern ins Krautfaßl langten, um zu kosten, Bohnen brachen, um zu sehen, wie fädig sie waren, und anderes mehr. Besonderen Zulauf hatten die bulgarischen Gärtner, die es im oder nach dem Ersten Weltkrieg aus dem äußersten Osten der alten Monarchie hierher verschlagen hatte.

Vom Fleischeinkauf habe ich nur soviel mitbekommen, daß Kalbfleisch viel billiger war als heute, Hendln aber eine teure Delikatesse. Für die Suppe wurde argentinisches Rindfleisch gekauft, das war sehr billig, hatte aber den weiten Transport recht gut überstanden. Ein großes G'riß war um die Mühlen- und Brauerei-Ochsen. Ihr Fleisch war Spitzenqualität.

Was hatte es für eine Bewandtnis mit diesen Ochsen? Nun, sie zogen zu zweit die schweren Bierfuhrwerke durch die Stadt, und dadurch, daß sie wohl zu den Braueretabfällen auch Bier zu trinken bekamen, wurde nicht nur ihr Fleisch so herrlich marmoriert und g'schmackig, sondern sie standen auch immer in einem selbst produzierten See. Die Mühlenochsen konnten da nicht mithalten, waren aber auch begehrte Mastochsen.

Die Milch wurde von einer Bäuerin direkt ins Haus geliefert. Am Abend nach dem Melken lud sie die großen Kannen auf ihre Pferdekutsche, klapperte die Kunden ab und maß jedem an Ort und Stelle die kuhwarme Milch in seine Kanne. Sie war meistens auch für die Winterkartoffeln und Zwiebeln zuständig. Die Putzmittel, von der Kernseife »Hirsch« angefangen über »Silberkraft-Seife«, die die Riemenböden beim Reiben wunderschön hell werden ließ und der Putzerin die Haut auffraß, über Soda und Reibsand bis zur einfacheren Toilettenseife, führte der Kaufmann in der Gemischtwarenhandlung.

Apropos Milch: Unsere Milch kam vom Berchtoldshof, der heute ein bekanntes Lokal unterhalb der »Buzihütte« inmitten eines Wohnviertels ist, damals aber ein großer Bauernhof war, der ganz allein wie eine Burg von

Mauern umgeben auf einem Hügel thronte. Über Wiesen und Felder und durch den Wald gelangte man weiter westlich zum »Harterhof«, einem ziemlich großen Mustergut, von wo das »Hörtnagl-Geschäft«, das damals nur eines von vielen, aber von bestem Ruf war, sein stets frisches und erstklassiges Gemüse bezog, meistens der durchschnittlichen Erntezeit um eine Nasenlänge voraus.

Jeden Samstagmorgen war auf dem Platz vor der Johanniskirche der Schweindlmarkt. Quietschende Ferkel wurden an den Hinterbeinen aus ihren triefenden Kistln gezogen und zum Begutachten hochgehalten – der Lärm war unbeschreiblich! Da ich ja immer zu spät dran war und auf dem kürzesten Weg in die Schule rasen mußte, war die Durchquerung dieses stinkenden und quietschenden Hexenkessels nicht zu umgehen.

Der Christkindl-Markt war damals in der Greilstraße und sicher genauso romantisch wie heute. Meine Eltern sind aber mit uns nie dahin gegangen. Ich weiß nicht warum. Es hätte uns sicher mehr Spaß gemacht, als Gedichte auswendig zu lernen und Klavier- und Geigenstücke einzustudieren, die wir am Heiligen Abend vortragen mußten.

Barbara B. Berger

wurde 1921 in Wien geboren und wuchs dort mit zwei Geschwistern auf. Ihr Vater war Bürovorstand, ihre Mutter Hausfrau. Barbara B. Berger besuchte die Volksschule, anschließend drei Jahre das Gymnasium und schloß mit der Hauptschule ab. Mit 15 Jahren machte sie die Aufnahmeprüfung an der Staatsakademie für Musik und darstellende Kunst, da sie ursprünglich Konzertpianistin werden wollte. Von 1940 bis 1955 war sie im Staatsdienst tätig.

Barbara B. Berger schickte Teile ihrer noch unvollendeten Lebenserinnerungen, die vor allem das Leben im Wien der zwanziger und dreißiger Jahre schildern, an den Böhlau Verlag, der die zwei folgenden – etwas gekürzten – Geschichten dem Bandherausgeber für diesen Sammelband zur Verfügung stellte.

Wöchentlich einmal eine Portion Pferdefleisch

... Mein Bruder war inzwischen dreieinhalb Jahre alt geworden, nicht so dünn wie ich, aber doch eher zart. Bei ihm hatte dies allerdings einen besonderen Grund: Er hatte oft Durchfälle, und die gingen bei dem Dreieinhalbjährigen meistens in die Hose.

Alle Schelte meiner Mutter, alles Zureden, doch schnell das Töpfchen zu holen, halfen nichts, selbst die leider häufigen Zornesausbrüche meiner Mutter, die damit endeten, daß er starke Wichser bekam. Mehrmals waren diese so stark, daß ich, die Zehneinhalbjährige, ihr das Kind entriß, doch es nützte alles nichts.

Endlich ging Mama mit dem Buben zum Arzt, und dieser stellte fest, daß die häufigen Durchfälle ihre Ursache in einem fast schon chronischen Bronchialkatarrh hatten. Der Darm war durch den kranken Auswurf, welchen das Kind nicht ausspuckte, sondern meistens schluckte, bereits infiziert worden und reagierte eben mit Durchfällen.

Nun gab es in der damaligen Zeit auch für diese Fälle noch keine großartigen Medikamente, doch wußte der Arzt einen anderen Rat: Man möge dem Kind wöchentlich ein- bis zweimal Pferdefleisch und Pferdewurst zu essen geben! Knochensuppe vom Pferd, Faschiertes vom Pferd mit Ei, gekochtes Suppenfleisch vom Pferd, und statt Brot möge sie dem Kind ein Stück Pferdedürrwurst in die Hand drücken. Pferdefleisch habe eine gute Heilkraft für Lunge und Bronchien, sagte er, und das Kind werde langsam, aber ganz sicher eine Heilung finden.

Nun, Pferdefleisch war in den dreißiger Jahren eine äußerst billige Angelegenheit. Es gab eine Menge Pferdefleischhauer, und die Ärmeren und ganz Armen lebten viel vom Pferdefleisch. Dementsprechend war das Ansehen der Pferdefleischhauer. Wer in diese Geschäfte ging, hatte sicher kein Geld. Und jetzt sah sich meine Mutter gezwungen, praktisch Dauerkundschaft beim Pferdefleischhauer zu werden. Ihre erste Empörung richtete sich daher natürlich gegen ihren kleinen Sohn, der ihr das antat.

Papa nahm die Anordnungen des Arztes wie immer gelassen und sogar mit lustigen Sprüchen zur Kenntnis.

Übrigens war dieser Arzt ein Schulfreund von ihm und daher auch unser Hausarzt. Er war, glaube ich, jüdischer Herkunft und, wie die meisten jüdischen Ärzte, äußerst tüchtig und gewissenhaft.

Es gab damals ziemlich viele jüdische Ärzte, die alle einen sehr guten Ruf und hohes Ansehen genossen. Nicht nur auf Grund ihres wirklichen Könnens, sondern auch wegen ihrer ausgesprochenen Barmherzigkeit den Armen gegenüber. Es kam immer wieder vor, daß sie einen Hausbesuch auch einmal ganz umsonst machten und sogar noch das nötige Medikament kostenlos beistellten.

Auch in ihrer Ordination verzichteten sie so manches Mal auf ihr Honorar, wenn ein armer Teufel ohne Geld und Krankenkasse vor ihnen stand. Unser Hausarzt war gleich alt wie mein Vater und durch den gemeinsamen Besuch des Gymnasiums und nach Eröffnung seiner Praxis in der Nähe unseres Wohnhauses mit Papa beziehungsweise unserer ganzen Familie freundschaftlich verbunden. Trotzdem durften wir Kinder nie »Onkel« zu ihm sagen, sondern immer nur respektvoll »Herr Doktor«, und wir mußten ihn auch stets mit »Küß die Hand« begrüßen.

Meine Eltern beschlossen, daß nicht nur mein kleiner Bruder das Pferdefleisch essen müsse, sondern, wenn schon, dann möge die ganze Familie solidarisch essen. Die erste Mahlzeit war ein faschierter Braten. Er schmeckte uns überhaupt nicht. »Trocken und langweilig im Geschmack«, jammerten wir. Vertragen haben wir ihn alle, und auch der kleine Bub hatte keinen Durchfall.

Dann kam eine »Rindsuppe vom Pferd« mit Gemüse dazu. Dieses Essen schmeckte uns besser, und auch diesmal hatte mein Bruder keinen Durchfall. Dafür aber mein Vater. Er erklärte kategorisch, ab sofort nicht mehr solidarisch sein zu wollen. Gebe es Pferdefleisch auf dem Speisezettel, dann, bitte, für ihn Rind- oder Schweinefleisch. Das wiederum brachte meine Mutter auf die Palme wegen der vielen Kocherei.

Das Endresultat war eine reuige Rückkehr der Familie zum gewohnten Fleischessen. Bloß mein Bruder bekam wöchentlich einmal seine kleine Portion Pferdefleisch, und wenn ihm Mama Knochensuppe vom Pferd kochte, wollten meine Schwester und besonders ich als Suppennärrin auch davon haben. Der Friede war wieder hergestellt. Und damit meine Mutter kein schlechtes Gewissen haben mußte, weil sie dem Buben nur einmal wöchentlich Pferdefleisch gab, einigte man sich dahingehend, daß wir drei Kinder statt Brot häufig Dürre Wurst vom Pferd bekamen.

Diese »Gigerer«, wie das Volk sie nannte, war recht trocken, trotzdem aber richtig schmackhaft. Übrigens, Gigerer wurden auch die Pferdefleischhauer im allgemeinen genannt. Und meine Mutter, die wieder einmal in so einem Gigerergeschäft stand, um für meinen Bruder Faschiertes zu kaufen, bekam einmal einen fürchterlichen Lachkrampf, als ein kleines Mädchen ins Geschäft stürmte, ein paar Groschen auf das Pult knallte und rief: »I kriag um de Wurscht a Gigara!« Sie wollte sagen: »I kriag um des Geld a Gigara!« Da lachte auch die Fleischhauerin mit.

Ganz herrlich schmeckte aber vom Pferd der heiße Leberkäs, den jeder Pferdefleischhauer verkaufte und der – wie ich mich zu erinnern glaube – von jedem

Pferdefleischhauer selbst hergestellt wurde. Er war ebenfalls sehr billig – zehn Deka kosteten ungefähr fünfzehn Groschen –, übertraf aber geschmacksmäßig bei weitem den heißen Selcher-Leberkäs. Außerdem konnte er auch von Gallenkranken, Darmkranken und so weiter ohne gesundheitliche Schäden gegessen werden, da er kein Gramm Schweine- und nur reines Pferdefett in sich hatte.

Also mein Bruder bekam sehr lange – es waren schon einige Jahre – Pferdefleisch und -wurst zu essen. Allerdings nicht mehr jede Woche. Aber unser Hausarzt hatte recht behalten. Die fürchterlichen Durchfälle, hervorgerufen durch den ewigen Bronchialkatarrh, verschwanden vollkommen. Seine Bronchien gesundeten, und mit zwölf Jahren war er für immer geheilt. Das Pferdefleisch hatte tatsächlich geholfen, denn der Bub hatte ja niemals ein Medikament bekommen.

Ich sollte allerdings noch hinzufügen, daß meine Mutter auf Anraten unseres Hausarztes zusätzlich jeden Sommer mit dem Kind für ungefähr zwei bis drei Monate in waldreiche Gegenden auf Urlaub fuhr. In dieser Zeit wurden Papa und wir zwei Mädchen immer dem Dienstmädchen überlassen. Und, wie gewohnt, kamen in dieser Zeit einmal wöchentlich die Klavierlehrerin und einmal monatlich die Wäscherin ins Haus.

Die Biertippler

Eine Menschengattung gab es in den dreißiger Jahren, die wirklich erwähnenswert ist: nämlich die Biertippler oder Faßltippler, wie sie genannt wurden. Das waren fast nur ältere Männer. Sehr ärmlich gekleidet, meist keine Socken an den Füßen und oft löchrige Schuhe, immer rundlich und mit Bauch. Um diesen dicken Bauch trugen sie ein altes Reindl, welches mittels einer Spagatschnur an ihrem Körper festgebunden war.

So zogen sie täglich von einem Gasthaus zum anderen, meist nachmittags oder gegen Abend. Denn dann stellten die Wirte ihre leeren Bierfässer zum Abholen beziehungsweise zum Austausch gegen ein volles Bierfaß durch die Brauerei vor ihre Lokale. Immer blieb ein Rest Bier, welcher natürlich schon schal schmeckte, in so einem Bierfaß zurück. Ob sie diesen Rest absichtlich zurückließen oder ob es sich nicht lohnte, ihn abzuzapfen, weiß ich nicht.

Jedenfalls aber wußten diese Faßltippler, daß sie immer kostenlos diesen schalen Rest Bier aus dem Faß herausholen durften. Sie zogen von Wirt zu Wirt, fingen mit ihrem alten Reindl das Bier auf und tranken es sofort. Meistens wurden diese Reindln sehr voll. Manchmal aßen sie ein Stück Brot dazu und kümmerten sich nicht darum, daß Kinder und Erwachsene um sie herumstanden.

Wurden sie bezüglich ihres Bierbauches, den tatsächlich jeder hatte, von manchen Zusehern verspöttelt, kümmerte sie das überhaupt nicht. Immer waren sie sehr schweigsam, selbst wenn sie schon einen kleinen Rausch hatten, weil zufällig bereits mehrere Wirte ihre Fässer abholbereit vor dem Gasthaus hingestellt hatten. Es gab niemals Schwierigkeiten mit ihnen, kein Polizist mußte eingreifen. Sie gingen ihre Rayone mit geradezu stoischer Ruhe ab, und man wußte gar nicht, ob diese

Männer überhaupt ein Zuhause hatten und wie sie ihr Leben gestalteten und wovon sie lebten.

Sie wirkten trotz allem jedoch nicht verwahrlost und waren keineswegs richtig schmutzig, auch wenn an den Füßen keine Socken waren und sie in löchrigem, sehr altem, desolatem Schuhwerk steckten. Ihre Hemden waren wohl mehrfach geflickt, jedoch in besserem Zustand als das Gehzeug. Niemand aber erfuhr, wer für diese Hemden sorgte. Diese Männer waren Schweiger.

Eine Auffälligkeit gab es noch unter dieser Gilde. Niemals gab es Rayonschwierigkeiten unter ihnen. Jeder achtete den abgezirkelten Bezirk des anderen, und so kam es zu keinerlei Streitigkeiten oder gar Brutalitäten zwischen ihnen. Es kam auch vor, daß so ein Faßltippler Pech hatte und sein Wirt oder seine Wirte keine leeren Fässer vor das Lokal gestellt hatten. Vermutlich war der Geschäftsgang flauer gewesen.

Dann merkte man dem Biertippler wohl Enttäuschung, manchmal ausgesprochene Niedergeschlagenheit an, niemals aber betrat er das Gasthaus, um den Wirt um Bier anzubetteln. Auch Gäste oder zufällig Herumstehende wurden nie um Geld angebettelt. Er schlurfte dann langsam weiter zum nächsten Wirt. Jedenfalls waren diese Männer eine ganz eigene Gilde, welche dann nach Hitlers Einmarsch in Österreich allerdings auch bald ihr Ende gefunden hatte.

Jan Štarha

wurde am 3. März 1922 im kleinen Weiler »Felsenmühle« im mährischen Kars geboren. Sein Vater saß an der Kasse bei den dortigen Höhlen, seine Mutter verkaufte in der Saison Souvenirs. Sie starb bei der Geburt ihres vierten Kindes im Jahre 1934. Der Vater heiratete später wieder, diese Ehe blieb aber kinderlos.

Jan Štarha, der das älteste Kind war, besuchte das Gymnasium in Brünn. Danach absolvierte er eine einjährige private Handelsschule, anschließend arbeitete er bis zum Ende des Zweiten Weltkrieges als Hilfsarbeiter. Ab 1945 bis zur Rente war Jan Štarha in verschiedenen Funktionen – zuletzt als Sicherheitsrevisor – bei der Bahn tätig.

Über seinen Geburtsort schrieb er verschiedene Artikel für die regionale Presse. Er ist auch Verfasser mehrerer Familienchroniken. Das insgesamt 120 Seiten umfassende Manuskript seiner Lebenserinnerungen, aus dem der folgende Text stammt, schickte er nach einem Aufruf im Jahre 1993 in der tschechischen Wochenzeitschrift »Nase Rodina« der Dokumentation lebensgeschichtlicher Aufzeichnungen in Prag, wo sich auch die bereits erwähnten Familienchroniken befinden. Die Übersetzung aus dem Tschechischen besorgten Dr. Jana Losová und Dr. Jana Geršlová.

»Falscher Fisch« und Hutzeln

... Zur Zeit meiner Kindheit und Jugend wurde die Zusammenstellung der Speisen und Getränke in unserer Familie durch einige wichtige Umstände bedingt: Wir wohnten sehr abgelegen, und deswegen hatten wir keine Möglichkeit, häufig einzukaufen. Wir mußten also Vorräte für längere Zeit besorgen. Vor allem mußten solche Lebensmittel gekauft werden, die nicht so schnell verdarben, wie zum Beispiel Mehl, Grieß, Graupen, Hülsenfrüchte, Zucker, Kaffee-Ersatz.

Überwiegend waren wir aber auf die Produkte aus unserer kleinen Landwirtschaft angewiesen – auf Kartoffeln, Eier, Butter, Schmalz, Topfen, Gemüse, Sauerkraut, Mohn, Powidl. Die Aufbewahrungsmöglichkeiten wurden dadurch beeinflußt, daß es damals noch keine Kühlanlagen gab – weder Kühlschränke noch Tiefkühltruhen. Wir hatten nur den kühlen Keller. Die Auswahl der Halbfertigprodukte war bescheiden, die Verpackungstechnik auf niedrigem Niveau.

Das Frühstück war immer sehr einfach. Meistens gab es Brot in kleinen Scheiben, die man im tiefen Teller mit heißem Milchkaffee übergoß und mit dem Löffel aß. Zum Kaffee hatte man manchmal auch Dalken, Kolatschen mit verschiedensten Füllungen, Kartoffelpuffer, die vom vorigen Tag übriggeblieben waren.

Zum Mittagessen kochte man werktags verschiedene fleischlose Gerichte, und zwar vor allem aus Kartoffeln. Die Suppe war ein unverzichtbarer Bestandteil des Mittagessens. Hauptsächlich war es Kartoffelsuppe mit einer Einbrenn und Gemüse, von Zeit zu Zeit auch die sogenannte »gläserne« Suppe ohne Einbrenn. Das Abendbrot war auch immer sehr schlicht und seine Vorbereitung einfach: Kartoffelbrei mit gebratenen Zwiebeln und Milch, Brot mit Schmalz, manchmal mit Butter und Milchkaffee, und oft die Reste vom Mittagessen. Aus diesem Grund kochte man zum Mittagessen oft eine größere Menge.

Fleisch, vor allem Rindfleisch, als Hauptspeise gab es nur an den Feiertagen. Dazu kochte man verschiedene Soßen wie Dillsoße, Kren- oder Tomatensoße. Als Beilage gab es oft Knödel, vor allem Germknödel. Im Frühling und im Sommer bereitete man Rindfleisch mit Spinat und Kartoffeln zu. Schweinefleisch gab es bei uns selten. Wenn, dann gab es dazu Kraut und Kartoffeln und sehr selten anstatt Kartoffeln Semmelknödel.

Manchmal passierte es, daß Vater von der Reise nach Blansko ein bißchen Räucherware mitbrachte. Dazu aßen wir dann entweder Brot oder Kartoffelbrei. Wenn man auf dem Feld arbeitete, brachte man die Speisen dorthin. Man trank Milchkaffee, schwarzen Kaffee – Kornkaffee mit Zichorie –, Tee – oft Kräutertee –, und bei großer Hitze auch »Essigwasser«, das heißt Wasser mit Essig und Zucker, was ein sehr erfrischendes Getränk war. Ich bezweifle aber, ob es gesund war.

Das alles ist selbstverständlich nicht vollständig, es sind fast siebzig Jahre vorbei, und vieles wurde vom Nebel des Vergessens überdeckt. Bis zu den kleinsten Kleinigkeiten erinnere ich mich aber an die besonderen Gerichte am Heiligen Abend. Ihre Einzigartigkeit ist mit der feierlichen Atmosphäre und dem Weihnachtszauber verbunden und mit der Tradition von vielen Generationen vor uns.

Einen Tag vor dem Heiligen Abend bereitete Mutter Nudeln für den »falschen Fisch«. Ich erinnere mich gut, wie die große Küche dann voll mit Nudelplatten war – auf dem Leintuch über den beiden Betten, auf dem Tisch, auf der Bank. Aus diesen Platten schnitt man breite Nudeln. Die kochte man in einer kleinen Menge Salzwasser und siebte sie ohne Durchspülen mit Wasser ab. Dann schichtete man die noch aneinanderklebenden Nudeln auf die eingefetteten und mit Bröseln bestreuten Bleche. Die Schicht war ungefähr zwei Zentimeter dick, und man durfte sie nur mäßig belasten.

Am Heiligen Abend stürzte man die Nudeln aus den Blechen. Sie hielten schön zusammen, und man konnte daraus die viereckigen Portionen schneiden. Diese umhüllte man mit Mehl, Eiern und Bröseln und briet sie wie Schnitzel in einer größeren Menge Schmalz. Bei all diesen Arbeiten half sogar der Vater. Dazu aß man die gekochten Hutzeln, das waren die im Sommer und Herbst geschnittenen und getrockneten Äpfel und Birnen, und die gekochten Dörrzwetschken beziehungsweise Kompotte.

Fertige Portionen des »falschen Fisches« gab Vater in einen riesigen blauen Blechhäfen, der dann oben auf dem Kachelofen stand, damit das Essen schön warm blieb. Vom falschen Fisch bereitete Mutter immer an die fünfzig Portionen vor, denn wir waren am Heiligen Abend wohl dreißig Personen bei uns im Hegerhaus »Felsenmühle«. 1933 versammelten sich zum Beispiel alle fünfundzwanzig Mitglieder unserer Stammfamilie, und dazu kamen noch Weihnachtssänger, Dienstmädchen und viele andere. Für so viele Tischgenossen war es nötig und gehörte sich auch, genug Essen vorzubereiten.

Kurz vor dem Heiligen Abend backte man Kolatschen, Apfelstrudel und fünf Striezel. Apfelstrudel, Kolatschen oder Striezel aß man aber erst, nachdem die Geschenke schon verteilt waren. Als Getränk hatten wir Tee und Sodawasser oder Milchkaffee. Alkoholische Getränke tranken wir überhaupt nicht. Großvater war nämlich seit Jahr und Tag streng abstinent, und jeder aus der Familie fügte sich diesem Brauch an diesem heiligen Tag ganz selbstverständlich.

Bei uns in der »Felsenmühle« fasteten am Heiligen Abend auch alle Erwachsenen. Niemand versprach »das goldene Schweinchen« für das Fasten, das hätte Großmutter nie zugelassen. Mir gefiel dieser Brauch sehr, und von meinem zehnten Lebensjahr bis zum sechzigsten fastete ich an diesem heiligen Tag so, daß ich nach dem Erwachen überhaupt nichts aß, kein Wasser trank, und das bis zum Abendessen.

Maria Gruber

wurde am 13. Mai 1922 auf einem Bergbauernhof in Großarl (Salzburg) geboren und war das vierte von insgesamt zwölf Kindern. Nach dem Besuch der Volksschule arbeitete sie als Magd, heiratete 1945 und bekam innerhalb von 14 Jahren zehn Kinder.

Der folgende Text entstammt ihren Mitte der achtziger Jahre verfaßten und etwa fünfzig Seiten starken Lebenserinnerungen, die sie nach eigener Aussage niederschrieb, um die Einsamkeit seit dem Tod ihres Mannes zu bewältigen. 1988 sandte sie das Manuskript der Dokumentation lebensgeschichtlicher Aufzeichnungen in Wien. Ausführlich schildert sie darin Kindheit und Jugend auf dem elterlichen Hof sowie verschiedene Erlebnisse im Zusammenhang mit ihren Schwangerschaften und den Geburten ihrer Kinder.

Andere Kindernahrungsmittel gab es damals noch nicht

... Die ganze Entwicklung meiner Schwangerschaft erlebte ich nur mit meinem Mann und mir selber. Ich hatte ja vorher keine Ahnung, und so war es auch schön, wenn man es unmittelbar erleben konnte. Es gab ja damals noch weit und breit keine Aufklärung, zumindest nicht in der bäuerlichen Bevölkerung. Wer sagte schon etwas von Pubertät? Man mußte einfach in die Arbeit hineinwachsen, wenn es einen auch manchmal fast zerriß. Es ging aber allen gleich.

Meine Schwiegermutter hat mir viel darübergeholfen. Wenn auch ihre Geschichten über das Sterben dieser oder jener Wöchnerin nicht gerade aufmunternd waren. Mein Mann tröstete mich. Da war kein Essen oder Wassertrinken, sondern zumeist die fehlende Sauberkeit schuld daran. Ich war wieder beruhigt und freute mich ungemein auf das Kind.

Endlich, Ende August, war es dann soweit. Die anderen waren beim Gerstenschneiden, und ich brachte die Jause. Dann, am Abend, packte ich die Sachen, und wir gingen zu Fuß ins Krankenhaus in den Ort. Am nächsten Tag um halb drei wurde unser Kind geboren. Es war ein ganz kleines Mädchen von 2,70 Kilogramm. Ich war der glücklichste Mensch auf der Welt. Eine Schulkameradin von mir war auch noch da, und wir durften die Kinder bei uns im Zimmer behalten. Oft habe ich das kleine Wesen andächtig betrachtet und gewünscht, alle Mütter möchten ihre Kinder möglichst nahe bei sich haben, denn es wäre furchtbar, wenn sie nach neunmonatiger Verbundenheit auf einmal allein in der Welt sein sollten. Mir kam es wenigstens so vor.

Eine Woche später, als es Zeit wurde, zum Heimgehen zu rüsten, bekam ich eine böse Brust und konnte das Kind nicht mehr stillen. Beim Krankenhaus war eine Landwirtschaft dabei, und da mußte man die Milch von den dortigen Kühen nehmen. Andere Kindernahrungsmittel gab es damals noch nicht. Endlich, nach fünf Tagen, fühlte ich mich stark genug zum Heimgehen.

Mein Mann trug das Kind und die Tasche mit der Wäsche und ich nur mein Handtaschl. Aber meine

Kraft taugte nicht viel. Wir waren gerade oberhalb des Dorfes beim ersten Tor. Es gab damals sieben Tore bis heim zu uns. Da wurde mir auf einmal schlecht, und ich fiel zu Boden. Mein Mann muß das Bündel schnell weggelegt haben, das Tor ausgehoben, seinen Rock ausgezogen und mich draufgelegt haben. Als ich wieder zu mir kam, war niemand da und ich schweißgebadet. Ich rannte los zum nächsten Nachbarn, und da kam mir mein Mein entgegen und führte mich dorthin.

Das Kindlein war schon dort und schlief. Ich wurde sogleich ins Bett gesteckt und mit drei Decken, einer Tuchent und einer selbstgewebten Decke zugedeckt und bekam heißen Tee zu trinken. Aber ich konnte mich nicht erwärmen und drängte zum Heimgehen. Der Ziehsohn vom Nachbarn trug dann die Kleine, mein Mann und die jüngere Tochter führten, vielmehr trugen mich dann heim. Nach einer kleinen Rast versorgte ich die Kleine, danach schickte man mich ins Bett. Dank des elektrischen Stromes konnte ich für die Kleine das Papperl wärmen, ohne dabei aufstehen zu müssen. Ich hatte noch keine Kraft und war jede Nacht schweißgebadet. Aber langsam ging es aufwärts.

Dafür bestätigten sich meine Befürchtungen, daß die Kleine den zweimaligen Milchwechsel nicht vertragen könnte. Wohl schickte mir meine Mutter echtes Weizenmehl, das ich etwas vorbuk, die Milch wässerte ich, aber sie bekam starken Darmkatarrh. Das war sehr schlimm für mich. Haferschleim, Fenchel und Kamillentee, alles nützte nichts mehr. Sie sah dann mit eineinhalb Monaten aus wie ein neunzigjähriges Weiblein, so mager und voller Falten. Arg wurde es, als sie zwei Tage und zwei Nächte kein Auge mehr auftat.

Aber es gab doch ein Wunder. Jede zweite Stunde trank sie zehn Gramm. Ich kämpfte, sollte ich mit ihr zum Doktor oder nicht? Einerseits hoffte ich auf Gottes Vorsehung, andererseits wollte ich doch auch alles für das Kind tun. Da machten wir Wickel aus frischen Kamillen, die wir in ein Leinensäckchen nähten, das wir auf das Bäuchlein legten und oft erwärmten. Von da an ging's dann aufwärts. Bald trank sie zwanzig und dreißig Gramm und so aufwärts. Nach zwei Wochen hatte sie wieder ein rundes Gesichtlein. Unsere Freude war groß. Ich werde das wohl schwer enträtseln können, daß sie diese Krankheit überstanden hat.

... Zwei Jahre später wurde unser Sohn geboren. Unsere Freude war groß. Wir lebten auf einem Wiederbesiedlungsbetrieb. Da es mit dem Heimkommen nach der Geburt seine Schwierigkeiten hatte, hat es mir die Hebamme erlaubt, daheim zu bleiben, da war ich besonders glücklich. Sie ging ja ohnehin überall hin zu einer Entbindung. Da ist man einfach froh, wenn einem jemand hilft.

Später, wenn man dann selber nicht mehr die Kraft hat, denkt man ganz anders, auch daß es eine Strapaze war, jeden Tag auf den Berg zu kommen. Aber sie tat es gern und war mit Hingabe bei der Sache. Ich freute mich immer, wenn sie kam. Da gab es dann allerhand zu plaudern, derweil sie ihre Jause aß und das Kind versorgte. Das waren alles ganz persönliche Freuden. Die Hauptsache, man hatte das Kindlein immer in der Nähe. Ich betrachtete es oft stundenlang.

Wie gerne wäre ich bei der Taufe dabeigewesen. Aber das war damals nicht möglich und nicht Brauch. Wie freute ich mich, als sie wieder heimkamen und ich das Kind, das jetzt Kind Gottes war, in die Arme nehmen konnte. Mutter schickte mir dann ein Suppenhuhn, Zucker, Brot und Dörrpflaumen. Es ging mir ganz gut mit dem Essen, und die Ruhe tat mir auch sehr wohl, obwohl die Kleine oft zu mir kam, das Büblein anschauen.

Dann war es früher Brauch, ins Weisa zu gehen. Da gab es allerhand gute Sachen. Die hat in diesem Fall auch wieder Mutter geschickt. Dann war es wieder Brauch, daß man vom großen Weinbeerstrutzen ein Stück abschnitt und wieder zurück in den Korb legte. Dann gab es noch etwas zum Einlegen, das durfte aber zuerst niemand sehen. Es war entweder Stoff für ein Kleid für die Godn, eine Decke oder ein Hemd. Zum Taufschmaus gab es zuerst eine Würstlsuppe, dann Zwetschkenpofesen und Kaffee. Alle im Hause bekamen dann das gleiche. Es war eigentlich für alle ein Festtag.

Nun, das dritte Kind, ein schwarzhaariges Mädchen, ließ nicht gar so lange auf sich warten. Es kam vier Tage vor dem Bübl seinem ersten Geburtstag zur Welt. Da das Bübl schon mit elf Monaten lief, war das weiter nicht so schlimm. Mich freute die Arbeit mit den Kindern, denn ich war wieder stark. Ich bin auch diesmal daheim geblieben. Allmählich wurden aber auch die Kritikstimmen laut. Nicht nur einer sagte meinem Mann, was er im Sinne habe mit den vielen Kindern bei einer so armseligen Keusche. Aber mein Mann hatte längst Pläne ausgeheckt, daß wir schon nicht verhungern.

... Weihnachten. Mit den Süßigkeiten für die Kinder zu Weihnachten war nichts zu machen, auch nicht mit Keks. Mehl, das es auf Karten gab, brauchten wir für die Kleinen und auch den Zucker. Zucker bekamen wir die ersten paar Jahre 1,48 Kilogramm im Monat. 1948 war es dann um ein Kilogramm mehr. Da war es einfach nicht möglich, Keks zu backen.

Ende 1948 und Anfang 1950 gab es eine amerikanische Zuteilung an Keskdosen, in denen ungefähr fünf Kilogramm ganz einfache Butterkekse drinnen waren. Aber wir hatten Freude, und zu Weihnachten gab es noch für jedes Kind eine kleine Blechschachtel mit je zehn Stück Bonbons. Die gab es aber erst am Heiligen Abend, und so mußten wir uns meistens den ganzen Vormittag anstellen. Auch das Weizenmehl gab es erst an diesem Tag.

Einmal wäre mir beinahe der Gaul durchgegangen. Um halb zwölf war ich immer noch nicht dran. Weggehen wollte ich auch nicht, um den Kindern die Freude nicht zu verderben. Mit dem Mehl hätte ich gerne Weizennudeln gekocht. Nachher mußte ich den weiten Weg heimgehen. Es wartete noch viel Arbeit: Die Kinder baden und anziehen für den Heiligen Abend, den Nudelteig herrichten, Rosinen gab es damals noch keine. Wir waren eben zufrieden, Nudeln aus Weizenmehl zu bekommen.

Am ersten Heiligen Abend 1945 mußte ich sie aus Gerstenmehl kochen. Das war nicht einmal so leicht, aber geschmeckt haben sie uns trotzdem. Christbaumschmuck war noch etwas von vor dem Krieg da. Ein paar Silberfäden und Kugeln, etliche Kerzen, das war auch schon alles. Aber der Christbaum leuchtete, und das war die Hauptsache, denn die Kinder hatten große Freude.

... Zu Ostern 1958 kam ich nicht von zu Hause weg. Da wurde das zweijährige Bübl schwer krank. Er hatte Mundfäule und viel Fieber. Der Doktor konnte nicht heraufkommen, da gerade eine Grippe umging und er viele Patienten hatte. Ich hatte Bübls Bett in die Küche geholt, damit ich ihn immer in der Nähe hatte. Oft bin ich stundenlang neben dem Bett gesessen und hab' ihm die Lippen mit Tee gekühlt, denn hinunterbringen konnte er nichts.

Das ging so die ganze Karwoche. Aber am Ostersonntag besserte sich der Zustand, und er konnte wieder Tee schlucken, den er mit einem Röhrchen trank. Wir waren alle froh, daß es wieder besser war, denn das Kind war voller Hunger, weil es die ganze Woche nichts hinunterbrachte. Und so gehen halt auch schwierige Zeiten vorbei, und es ist wieder schön, mit gesunden Kindern arbeiten zu können.

Denn es dauerte ja nicht mehr lange auf das nächste Kind. Ich freute mich wieder von neuem darauf. Sorge oder Verdruß, das kam mir nicht in den Sinn. Ich sah alles als meine Lebensaufgabe an. Ich kam auch sehr wenig von hier weg. Das Jahr ging ich mit den größeren Kindern ein paar Mal die Mutter besuchen, was für diese natürlich ein großes Erlebnis war. Sie wissen heute noch, was uns die Mutter gekocht hat. In den Bezirksort kam ich zehn Jahre nicht. Ich vermißte es auch nicht. Mein Mann hatte ohnehin geschäftlich dort zu tun und konnte dann auch manches Notwendige einkaufen, und dabei brachte er uns auch etwas zum Naschen mit.

Wenn ein kleines Kind da war, halfen wir alle zusammen. In der Früh kochte ich meistens, wie es auch sonst überall üblich war, ein Muas. Im Sommer stellte ich das Muas zu, und wenn mein Mann vom Feld kam, kochte er es fertig, derweil ich das Kleine versorgte. Dann gingen wir mitsammen essen, denn er legte viel Wert auf das gemeinsame Essen. Die größeren Kinder langten auch schon fest zu beim Muas. Das gab Kraft für den Vormittag, für den weiten Schulweg, daheim zum Herumtollen und natürlich zur Arbeit.

Brot und Semmeln habe ich damals für uns nie gekauft. Brot hab' ich immer selbst gebacken. Seit 1957 hatte ich einen elektrischen Backofen, was wieder eine große Arbeitserleichterung war. Auch das Holz wurde teurer. Mein Mann hatte sich aber vorher in einem auswärtigen Betrieb umgesehen, wie dieses Brot aus dem Elektrobackofen beschaffen ist. Erst dann entschloß er sich, einen zu kaufen. Wenn das Mehl gut war, gab es schönes Brot. Ich freute mich auf das Brotbacken, auch wenn ich nachts munter wurde. Meistens buk ich acht Laib, und die langten dann für zwei Wochen.

Freda Teitelbaum

wurde am 6. Mai 1924 in Wien als erstes von zwei Kindern eines Textilkaufmanns und einer Hausfrau geboren. Bis 1938 besuchte sie hier das Gymnasium. Im September 1939 floh sie mit ihrer Mutter und ihrer Schwester über Triest in die USA, der Vater blieb in Wien zurück. Freda Teitelbaum studierte an der »University of California« und arbeitete danach als Sekretärin.

Die 121 Seiten umfassende und in englischer Sprache verfaßte Lebensgeschichte Freda Teitelbaums entstand 1989 in einem autobiographischen Arbeitskreis in Los Angeles. Im ersten Teil beschreibt sie die Herkunft der Familie und die Zuwanderung der Großeltern aus Galizien nach Österreich. Im zweiten widmet sie sich ihrer Kindheit und Jugend in Wien.

Die Autobiographie Freda Teitelbaums gelangte durch den Historiker Dr. Albert Lichtblau im Rahmen eines wissenschaftlichen Projekts zu jüdischen Lebensgeschichten in die Dokumentation lebensgeschichtlicher Aufzeichnungen in Wien. Die Übersetzung aus dem Englischen habe ich selbst vorgenommen.

Ein dickes war auch ein gesundes Kind

... Pessach hatte ich von allen Festtagen des Jahres am liebsten. Es fiel oft mit Ostern zusammen, und die kleinen Mädchen in ihren weißen Kleidern mit Schleiern und die geschmückten Fiaker waren eine vertraute Ansicht.

Ich bewunderte die bunte Pracht, war aber nicht neidisch. Die Aufregung rund um Pessach war allemal größer.

Ich liebte das ganze Drumherum, angefangen vom Putzen der Wohnung bis zur überlieferten Geschichte, die an der Seder-Tafel erzählt wurde, bei der ich einige Jahre die einleitenden Fragen auf hebräisch stellte. Ich war eine stolze Teilnehmerin bei diesem alljährlichen Schauspiel. Pessach war ein Festtag, an dem die ganze Familie teilnahm.

Zu Hause gab es nur Mazzes, die wir in Kaffee tunkten. Die Tassen und Unterteller waren aus feinem Porzellan, das nur an Pessach benutzt wurde. Ich kann mich noch gut an das vorzügliche Blumendesign in violett und rosa erinnern. Ansonsten aßen wir entweder bei meinen Großeltern väterlicher- oder mütterlicherseits ein, auch die zwei Pessach-Seder. Ich nahm alles in mir auf, das geschäftige Treiben, die heilige Schönheit der acht Tage und den Zusammenhalt innerhalb der Familie.

Nicht ganz überraschend begannen meine Eltern damals das, was ich mit einer Überbewertung bezüglich Essen im allgemeinen und meinen Eßgewohnheiten im besonderen bezeichnen möchte. Es nahm allmählich solche Ausmaße an, daß sich die ganze Welt darum zu drehen schien, ob ich aß oder nicht. Alles begann mit einem Streit zwischen meiner Mutter und mir, bis sie schließlich meinen Vater für ihre Ziele gewinnen konnte.

Wenn ich heute Fotos von mir aus dieser Zeit anschaue, so ist für mich das rundliche und pausbäckige Kind auf den Fotos alles andere als unterernährt. Trotzdem war meiner Mutter mein Babyspeck zu wenig.

Nach ihren Standards war ich ein schlechter Esser, und nebenbei bemerkt war ein dickes auch ein gesundes Kind. Das war die damals gängige Meinung.

Natürlich gab es dafür einen Grund. Es war die dauernde Furcht vor Tuberkulose und anderen schrecklichen Krankheiten wie etwa Diphtherie und Scharlach. Man glaubte, fetthaltige Speisen, Fleisch und Gemüse seien eine Vorsorge gegen diese »Geißeln«. Deswegen versuchte man Kinder, die nicht essen wollten, zu überreden, und wenn dies nichts half, wurden strengere Maßnahmen ergriffen. Das war, als mein Vater meine Ernährung selbst in die Hand nahm.

Mittagessen gab es pünktlich um ein Uhr. Die Hauptmahlzeit bestand aus Suppe, Fleisch, Gemüse, Kartoffeln oder Reis und einem Dessert. Es war die einzige Mahlzeit, welche meine Schwester und ich mit meinen Eltern gemeinsam im Eßzimmer einnahmen. Die anderen Mahlzeiten und die kleinen Imbisse nahmen wir in der Küche mit der Haushaltshilfe ein. Wenn wir uns zum Essen niedersetzten und die Suppe aufgetragen wurde, bekam ich immer weniger Appetit.

Mein Vater, der mir gegenüber saß und mich beobachtete, ermahnte mich zuerst, ich solle essen. Wenn das nichts nützte, erhob er sich von seinem Stuhl – bei der Vorstellung erschrecke ich heute noch – und stellte sich hinter mich. Während er meine Arme mit seiner linken Hand festhielt, begann er mich mit seiner rechten zu füttern. Manchmal machte ich mich darüber lustig. In diesem Fall verlieh er aber seinen Anstrengungen mit einem Klaps auf meine Wange den nötigen Nachdruck.

Ich brauche nicht extra zu erwähnen, wie ich das Mittagessen haßte, und je mehr ich zum Essen gezwungen wurde, desto weniger aß ich. Als meine Schwester so alt war, daß sie mit uns am Eßtisch sitzen durfte, erging es ihr ebenso. Ich kann mich nicht genau erinnern, wann dieses Füttern aufhörte. Sicher aber nicht, bevor ich acht Jahre alt war.

Irgendwie mußte ich aber beim Frühstück und Abendessen mit Rosa in der Küche den Essensrückstand wieder ausgeglichen haben. Sie versorgte mich mit Zucker und Schokolade, indem sie mir zum Abendessen alle möglichen Mehlspeisen, die mit Schokolade bestrichen waren, oder eine Gelee-Speise zu essen gab. Zum Frühstück bekam ich eine Tasse Schokolade mit einem Butterkipferl, das mit Marmelade gefüllt war.

Die Angst meiner Eltern vor einer Krankheit stellte sich als unbegründet heraus. Und obwohl ich ein »schlechter Esser« blieb, war ich gesund; und das trotz verschiedener Kinderkrankheiten, einschließlich Keuchhusten und Diphtherie. Freilich meinte es mein Vater gut. Sein Anliegen leuchtete mir auch ein. Seine Methode verfehlte die gewünschte Wirkung und beraubte mich auch für viele Jahre eines der schönsten Vergnügen des Lebens, der Freude und Wertschätzung guten Essens, insbesondere der exzellenten Küche meiner Mutter.

Die Angst meines Vaters in Sachen Essen ist vermutlich auf seine Kindheit und die Kriegsjahre zurückzuführen. Seine Familie war sehr arm, und es muß Zeiten gegeben haben, in denen sie auch nicht genug zu essen hatten. Später dann, während des Krieges und in der Nachkriegszeit, waren Arme und Reiche gleichermaßen vom Hunger bedroht. Diese real begründete Angst vor dem Hungertod und die Furcht, falsche Ernährung könnte Krankheiten hervorrufen, prägte die Einstellung meiner Eltern dem Essen gegenüber. Für sie war Essen der Inbegriff des Lebens selbst.

Als ich etwa sechs oder sieben Jahre alt war, wußte ich Vaters fixe Idee zu meinen Gunsten zu wenden. Ich fand heraus, daß er es absolut nicht ertragen konnte, wenn ich eine Mahlzeit ausließ. Wahrscheinlich dachte er, das Überspringen einer Mahlzeit bedeutete eine sofortige Einbuße meiner Gesundheit. Wenn immer er von nun an wegen irgend etwas böse mit mir war, rannte ich auf mein Zimmer und verweigerte jedwede Mahlzeit.

Dies verfehlte seine Wirkung nie. Er kam an meine Tür und überedete mich, zum Essen zu kommen. Wenn ich es tat, war alles vergeben. Ich hatte eine Unzulänglichkeit in seiner Taktik entdeckt und wußte dies geschickt auszunutzen.

Flora Gappmeier

wurde am 27. Juli 1924 auf dem Krennhof in Traning bei Tamsweg (Salzburg) geboren. Sie besuchte sechs Jahre die zweiklassige Volksschule, heiratete 1947 und bekam innerhalb von 17 Jahren zwölf Kinder.

Wie ihre Mutter war Flora Gappmeier ihr Leben lang in der Landwirtschaft auf dem eigenen Bergbauernhof tätig. Was ihre Familie an Lebensmitteln benötigte, wurde selbst hergestellt. Kochen mußte sie täglich für 16 Personen, zwölf Kinder und vier Erwachsene.

Ihre Mutter, geboren 1879, über welche Flora Gappmeier im dritten hier abgedruckten Text erzählt, wuchs mit 13 Geschwistern auf einem Bergbauernhof im Lungau (Salzburg) auf. Nach der Volksschule kam sie mit 14 Jahren zu einem Bauern in Dienst. Danach arbeitete sie drei Jahre als Sennerin. Später hatte sie eine Stelle in einem Gasthof mit Metzgerei in Tamsweg sowie diverse Stellungen als Bauernmagd.

Nach dem Tod des ersten Mannes – er fiel im Ersten Weltkrieg – führte sie sieben Jahre den Bergbauernhof alleine, bis sie aus ökonomischen Gründen ein zweites Mal heiratete. Sie hatte sechs Kinder aus erster und zwei – die Autorin selbst und einen Bruder – aus zweiter Ehe.

Nachdem Flora Gappmeier 1986 einen Teil ihrer Kindheitserinnerungen in der österreichischen Zeitschrift »Frauenblatt« veröffentlicht hatte, die damals einen Schreibaufruf unter dem Motto »Als ich ein Kind war« veranstaltete, schrieb sie auf Bitte einer Mitarbeiterin der Dokumentation lebensgeschichtlicher Aufzeichnungen in Wien ihre Lebenserinnerungen nieder und verfaßte noch weitere Texte, die hier auszugsweise veröffentlicht sind.

Wir nannten es damals Vogelspeis

... Wir hatten daheim eine alte Brechmühle. Da konnte das Mehl nur grob geschrotet werden, ganz fein ging es nicht mehr. Mutter hat manchmal geschimpft, wenn es zu grob war. Dieser Schrot wurde in Milch eingestreut und durchgedünstet. Oben kam dann Butter drauf, das war unser Frühstück. Aber was wirklich gut zum Essen war, waren am Boden so Krusterl, und um die rauften wir immer.

Auch für Knödel, Brot und andere Sachen wurde dieser Schrot genommen, und Vater mußte einige Säcke in die Mühle fahren, dann konnte Mutter mit feinem Mehl mischen, halb-halb war Jausenbrot.

Die Wurzerl für die Suppe nur aus Schrot blieben dann bis zum nächsten Tag im Backofen, die waren dann ganz hart. Das schönere Brot sperrte Mutter im Keller eine Weile ein. Ich höre sie noch: »Die essen mir immer alles z'sam.« Die harten Laibe waren im Brottruherl.

Da nahmen mein Bruder und ich oft, wenn wir neben dem Haus im Wald spielten, ein Wurzerl mit, gaben es auf einen Stock und schlugen mit Holz drauf. Dann ging es auseinander.

Wir mußten die Brocken lange im Mund lassen, dann wurden sie weich zum Kauen, aber die waren wirklich g'schmackig. Dazu suchten wir am Waldrand sauren vierblättrigen Klee, wir nannten es damals Vogelspeis. Es heißt, glaub' ich, Sauerklee, und das schmeckte zum harten Brot ganz gut. Auch suchten wir im Sommer alle möglichen Beeren, was wir nur fanden, drückten sie auf ein Stückerl Brot, das war unsere Jause.

Auch sämtliche Schwammerln, die wir im Wald fanden, trugen wir nach Hause, und Mutter machte Schwammerlsuppe. Doch einmal haben wir uns dabei vergiftet. Vater war mit den großen Geschwistern auf der Alm Wiesenmähen und wir zwei mit Mutter allein daheim.

Nach einer Zeit, als wir die Schwammerl gegessen hatten, wurde einem so schlecht, das nächste bekam arg Bauchschmerzen, und es wurde immer ärger und ärger. Wir weinten vor Schmerzen, und bei allen wurde der Bauch so groß, wir mußten alle Kleider aufmachen. Es wurde so arg, daß wir uns auf dem Boden kugelten vor Schmerz. Mutter wußte nicht mehr ein noch aus.

Nun sagte sie: »Kinder, es hilft nichts mehr, wir müssen alle drei sterben. Legen wir uns zusammen auf den Stubenboden.« Wir haben uns gewälzt und mit den Füßen geschlagen. Es war ganz furchtbar, da sagte mein Bruder: »Ich habe so Durst«, und Mutter hatte in der Küche kein Wasser. Das mußten wir ein Stückerl vor dem Haus holen, und sie konnte nicht mehr. Da gab sie ihm Milch, und das war Glück.

Er mußte so viel brechen, die ganze Hose war voll, aber ihm wurde besser. Nun tranken auch wir Milch, und mit uns war das gleiche. Es schaute unmöglich aus, und wir konnten uns vor Mattigkeit noch eine Zeit nicht erholen. Doch ich glaube, sonst wären wir alle gestorben. Ich habe seitdem noch immer Angst vor Schwammerln.

Auch mit dem Brot war es im Sommer so eine Sache. Wir hatten einen großen Backofen für dreißig Laibe, und da wurde alle drei Wochen gebacken. Im Sommer wurde es manchmal ziemlich schimmlig. Wir mußten alles z'samessen, durften den Schimmel nicht weggeben, denn Vater schimpfte.

Er sagte: »Da werdet ihr doch nicht hin!« Sterben, meinte er, und doch wurde uns manchmal ganz übel dabei. Aber es mußte einfach alles schön z'samgegessen werden, wenn auch im Herbst der fette Speck schon gelb war oder beim Selchfleisch schon manchmal Würmlein waren.

Bei der Hitze im Sommer war es ja mit dem Aufbewahren der Lebensmittel ganz schwierig, und es mußte alles schön z'samgegessen werden, weil es einfach nicht so viel gab. Doch mich wundert es heute oft, es wurde niemand ernsthaft krank. Mutter starb mit 84 Jahren und Vater mit 86. Doch ich weiß nie was von einem Arzt oder Krankenhaus, er hatte auch keine Operation oder einen Knochenbruch, obwohl Vater vom Ersten Weltkrieg ganz krank heimkam, heilte alles wieder aus. Er lebte sehr von Milch, auch wir.

Am Nachmittag gab es immer Brot und Sauermilch. Am Abend oft Kartoffeln und warme Milch, an Gemüse im Winter zuerst eine Schüssel Sauerkraut zu Mittag und im Sommer eine Schüssel Salat immer als erstes. Dann verschiedene Apfelschmarrn, viele Topfenspeisen, manchmal geselchtes Fleisch, oft Knödel und anderes. Recht viel Abwechslung gab es ja nicht, aber uns schmeckte alles. Wir hatten alle Appetit, aßen alle aus einer Schüssel, und alles wurde bis zum Letzten aufgegessen.

Nun noch ein paar Sätze zum Kranksein. Wenn es wirklich mal vorkam, daß wir Kinder Kopf- oder Bauchschmerzen hatten, war Mutter selbst der Arzt. Für Kopfschmerzen wurden rohe Kartoffeln blättrig geschnitten oder Topfen umgebunden, für Husten auf die Brust papierdick Schweinefett gestrichen und an den Füßen Essigwickel aufgelegt. Es half immer. Dann hatte Mutter für Wunden Murmel-, Hasen-, Hühner- und Hundeschmalz. Bei Zahnschmerzen sagte Mutter, daß wir beten müßten, um den Schmerz »aufzuopfern«. Und wirklich, es half!

Gekauft wurde nichts

... Auch die Bauern setzten sich zusammen, und alles wurde besprochen. Über Gutes und Schlechtes, Arbeit und Geld, und auch über die Frauen ging es oft her. Bei gewissen Arbeiten, bei denen mehrere Leute gebraucht wurden, halfen sie gegenseitig aus. Die Knechte und Mägde gingen zum Nachbarn helfen, dann auch wieder umgekehrt.

Beim Getreidedreschen war es so Brauch. Es wurden viele Kräfte benötigt. Immer gab es dann ein gutes Essen, und darauf freute man sich schon, da sonst das Essen recht gewöhnlich war. Das Dreschen war ja eine recht staubige Arbeit. Im November war es manchmal auch recht kalt in der Scheune. So wurde im Stroh auch rumgerangelt, mal wurden die begraben, dann wieder andere, und das lockerte die ganze Arbeit wieder auf. Am Schluß, wenn das ganze Getreide fertig gedroschen war, wurde die Bäuerin »geklemmt«.

Dazu nahmen zwei flotte Burschen die zwei letzten Getreidegarben und gingen ins Haus zur Bäuerin. Die wurde dazwischen eingeklemmt, immer fester, bis sie schrie. Dann kamen alle aufmarschiert, Knechte und Mägde, die schrien: »Ausdroschen is! Bäuerin, was sprichst aus?« Natürlich sagte sie alles, was ihr einfiel: Speck und Schnaps und Krapfen mit Honigschmalz, dazu Tee. War es genug, dann wurde sie wieder freigelassen.

Am Abend kamen alle z'sam zum Feiern. Es ging dann groß her, und es gab ganz gut zum Essen und Trinken. Danach wurde gespielt und getanzt, bis spät hinein in die Nacht. Alle harte Arbeit war wieder vergessen, und alle zusammen freuten sich so richtig, Bauern samt Dienstboten.

So ähnlich ging es auch beim Flachsbrecheln zu. Auch da mußten sich mehrere Bauern zusammentun. Für einen allein zahlte es sich nicht aus, die große Brechelhütte zu heizen, wo der Flachs getrocknet wurde, damit beim Brecheln alles Spießige wegfällt und nur der weiche Flachs zum Spinnen übrigbleibt. Das dauerte dann die ganze Woche und ging Tag und Nacht, auch weil das Feuer nicht ausgehen durfte. Es hätte sonst zu lange gedauert, immer wieder frisch einzuheizen und bis dann wieder alles warm wurde.

Beim Schlafen wechselten sie sich immer ab. Die einen vor Mitternacht und die anderen danach. Natürlich war auch alles wieder mit viel Gaudi verbunden.

War es in der Nacht oft recht kalt, wurden zwischendurch Spiele zum Laufen gemacht, und allen wurde wieder schön warm. Auch so manches Busserl wurde dabei gestohlen. Zur Beleuchtung hingen auf langen Stangen Petroleumlampen. Es sah alles recht romantisch aus. Die Bäuerin mußte immer Schnapssuppe kochen und sie den Leuten bringen. Dabei wurde allen schön warm.

Zur Schnapssuppe nimmt man bei mehreren Leuten so um die zehn Liter gute Milch. Diese wird erhitzt, danach werden fünf bis sechs Eier hineingesprudelt, zum Süßen gibt man Zucker oder Honig dazu und dann noch einen Liter Schnaps, zur Geschmacksverbesserung noch ein bißl Rum. Das wurde des öfteren getrunken, weil es schön wärmte. Natürlich kam auch gute Stimmung dazu, das mußte so sein. War alles durchgebrechelt, war es wieder zum »Brechelwoaz«-Geben.

Zwei Burschen gingen zur Bäuerin und wickelten den spießigen Flachs um ihren Hals. Auch abgebusseit wurde. So wie beim Dreschen wurde danach wieder gefeiert, gesungen und getanzt. Diese Bräuche waren ganz schön und wichtig. Die Leute spürten die harte Arbeit nicht so, weil alles mit Gaudi wieder abgerundet war. Es war nie eintönig oder langweilig, und das war sicher das Schöne an der alten Zeit.

Auch beim Schweinschlachten ging es ganz groß her. Am Vortag wurde die Stube ausgeräumt, es durfte nichts im Wege stehen. Früher war es Brauch, daß die Kuh im Vorhaus geschlachtet wurde, und zu Weihnachten schlachtete man zwei große Schweine in der Stube. Da wog eine Sau 200 bis 250 Kilogramm, die hatte ganz dicken Speck, und der war ausgiebig. Heute würde ihn sicher niemand mehr essen. Grauslich war, daß beim Schlachten nicht betäubt wurde. Die armen Viecher!

Zum Schlachten kam ein eigener Hausmetzger. Es war ein Bauer, der das überall machte. Als Bezahlung bekam er ein schönes Stück Speck oder Fleisch, natürlich nicht zu wenig. Es wurde ja dann verglichen, wer mehr gibt. Das war immer so eine Sache. Beim Schlachten mußten alle z'samhelfen, da das bei so schweren Schweinen gar nicht so einfach war. Sogar die Bank ging manchmal z'sam, und alles war auf dem Boden. Alles war recht aufregend. Wenn die Sau tot war, sagte ich immer: »Gott sei Dank!«

Verwendet wurde alles. Die Borsten wurden ausgerissen. Die brauchte der Störschuster, um Schuhe zu nähen. Heute bleibt die Haut beim Fleisch. Das mußte früher schön abgehäutet werden, weil die Bauern gerbten die Häute selbst und nähten sich selbst daraus die Arbeitsschuhe. Die Blase wurde schön gewaschen, dann aufgeblasen und zum Trocknen über den Ofen gehängt.

Nach einigen Wochen wurde sie schön abgerieben, damit sie ganz weich war. Sie diente den Männern als Tabakbeutel. Auch die ganzen Gedärme samt Magen, alles wurde beim eisigen Bach saubergewaschen. Ich denke noch zurück, wie gefroren die Hände dabei waren. Schrecklich! Aber es war halt so.

Dann wurde alles sauber geputzt. Man brauchte wirklich alles. Es waren bei jedem Bauern viele Esser, und das Jahr war lang. Gekauft wurde nichts. Es war auch fast kein Geld da. Blut und Leber wurden zu Würsten verarbeitet, natürlich auch für die guten Bratwürste an Weihnachten. Aber es gab keine Fleischmaschine zum Faschieren. Auf einem großen Holzbrett mußte das ganze Wurstfleisch fein gehackt werden, dann mußten die Würste mit einer Handspritze gepritzt werden.

Es war eine lange, mühselige Arbeit. Es mußten nämlich ziemlich viele sein, denn es war Brauch, daß jeder Dienstbote eine »Teilwurst« bekam, so um die zwei Meter lang mußte die sein. Bei vielen Leuten ging da ganz schön viel auf. Auch trafen sich alle Nachbarsknechte und -mägde wieder zum Wurstessen und Schnapstee-Trinken. Es war wieder eine Unterhaltung bis hinein in den Morgen.

... Dann kamen im Jahreslauf noch die vielen Handwerker auf »Stör«: Schneider, Schuster, Weber, Binder, Wagner und der Schmied und so noch einige. Überall waren drei bis vier Mann, und die mußten immer gutes Essen bekommen, weil die so vif und gescheit waren. Bei jedem Haus erzählten sie, was es überall für Kost gab, da gute, dort nicht so gute, und so gab jede Bäuerin ihr Bestes, weil jede Angst hatte, sie wird sonst ausgerichtet. Natürlich, wenn die fort waren, mußte wieder mehr gespart werden.

Sehr viel wurde ja früher aus Butterschmalz gekocht. Schmalz war auch der Stolz der Bäuerin. Es mußte immer zur Genüge da sein, wenn es ein flotter Bauernhof war. Im Sommer auf den Almen wurde ja viel Butter erzeugt, und da die Almen meistens von daheim drei bis vier Stunden entfernt waren, auch oft noch mehr, wurde die Butter in einen großen Holzkübel geknetet, obenauf kam immer frisches Wasser. Der Holzkübel wurde nur jeden Monat einmal heruntergeholt. Das war Arbeit vom Bauern.

Mit Pferd und Wagen fuhr er hinauf. Natürlich hatte er auch für die Sennerin ein bißl was Gutes mit. Meistens Kaffee und Kuchen und Speck mit Schnaps. Bevor der große Butterkübel auf den Wagen kam, schmückte die Sennerin den ganzen Deckel noch mit Alpenblumen. Denn es war ja alles ihrer Arbeit Fleiß. Noch einen Jauchzer drauf, und dann ging es los. Zu Hause angekommen, wurde die obere Schicht als Jausenbutter abgenommen, weil diese Butter noch ganz frisch war.

Die andere kam in einen großen Kessel auf den Herd mit offenem Feuer und wurde geläutert, das heißt geschmolzen. Das mußte alles ganz vorsichtig vor sich gehen. Die Hitze durfte nicht zu groß sein, weil der Butterschaum leicht überging. Es ist schon manches Haus dadurch abgebrannt, und mit Wasser konnte man nicht löschen. Mutter hatte zur Sicherheit immer Asche bereitgestellt.

So mußte es nun einige Stunden schön langsam brutzeln. Es mußte schön umgerührt werden, bis es ganz klar war und obenauf so Schmalzplatten waren. Dann war es fertig. Schmalzläutern war ja für die Bäuerin immer ein aufregender Tag. Es waren ja in so einem Kessel siebzig bis achtzig Liter Schmalz drinnen, und das war ein Wert.

Bevor es ganz fertig war, nahm die Bäuerin einen Laib Brot, schnitt große Schnitten herunter und legte sie in den Kessel. In zehn Minuten war alles schön weich und mit Schmalz angezogen. Nun kamen sie in eine große Schüssel, noch ein paar Schöpfer Schmalz drüber, und auf den großen Stubentisch. Knechte und Mägde setzten sich dazu und ließen sich's schmecken. Das war eine festliche Jause.

Der Kessel kam nun vom Feuer, aber der Schaum, der sich beim Läutern bildete, mußte ganz vorsichtig abgeschöpft werden. Es durfte kein Flinserl drinnen bleiben, sonst wurde das Schmalz leicht ranzig und mußte doch bis zu einem Jahr frisch bleiben. Im Winter, wenn die Kühe weniger Milch gaben, da brauchte man den Vorrat vom Sommer. Wenn nun alles fertig war, wurde das Schmalz in große Kübel geschüttet. Am Boden war wieder ein trüber Schaum, das Boderah, das mußte auch zurückbleiben. Es mußte so klar sein, daß man sich drinnen sehen konnte, dann war es richtig.

Die Kübel wurden in den Speckkasten oder auf den Speicher gestellt, wo ein eigener dunkler Platz mit Erdboden war. Auf den Deckel kam noch das Datum, damit die Bäuerin wußte, wie das Schmalz der Reihe nach verwendet wurde. Es standen da oft sieben bis acht solche Kübel auf Vorrat. Das Sommerschmalz wurde ja ganz hoch eingeschätzt, es war auch ganz gelb und edel. Wir Kinder strichen es gerne aufs Brot, mit ein bißl Knoblauch und Salz drüber schmeckte es fast wie Wurst.

Fleisch wurde ja früher wenig gekocht, nur hauptsächlich Schmalz. Bei allen Gerichten, Schmarrn oder Nudeln, mußte ein bißl Fett auf dem Boden sein, dann war es ein Bauer mit guter Kost, und die Knechte und Mägde waren stark. Sie hatten Kraft zum Arbeiten. »Beim Roß der Hafer und bei den Leuten das Schmalz«, heißt ein Bauernspruch. Heute sagt man, man soll nur nicht zu fett essen, und früher war Schmalz das Um und Auf. Es war einfach ganz wichtig.

Mein Vater kam vom Ersten Weltkrieg mit einem schweren Lungenleiden nach Hause. Bei der Entlassung vom Wehrdienst riet ihm sein Arzt, er soll immer ein bißl fett essen, das wäre gut für die Lunge. Vater aß oft einige Löffel heißes Schmalz oder Zwiebeln mit viel Schmalz geröstet und Brot dazu als Jause. Sogar in heiße Milch gab er Brotschnitten und noch einige Löffel Schmalz. Fleisch aß er ganz wenig, außer wenn er Hundefleisch hatte. Das ist ganz gut für die Lunge. Er aß auch sauren Rahm mit Brot oder Topfen in Milch-Polenta, mit oben viel Schmalz drauf.

Auf alle Fälle wurde Vater 86 Jahre alt, trotz Lungenleidens. Er war sicher schwer krank. Wie oft hat er Blut gespuckt. Aber er ging zu keinem Arzt. Er hat nur gearbeitet, hart und schwer. So war er groß und ganz mager. Auch hat er nie geklagt. Heute noch denk ich oft daran zurück. Furchtbar!

Aus Schmalz wurde sehr viel herausgebacken: Krapfen, Vögel, Hühnersteigen. Hasenöhrl mit Sauerkraut schmeckte recht gut. Auch verschiedene Sterze, Mehltopfen-Kartoffeln, und überall wurde heißes Schmalz darübergeschüttet. Bei besonderen Anlässen wurde ein Weizennudel im Rohr gebacken, in eine Schüssel aufgebrockt und dann heißes Honigschmalz über den »Woazan« geschüttet, es mußte schön schmierig sein, also nicht zu wenig. Das war eine Köstlichkeit.

Nach dem Zweiten Weltkrieg wurde dann mehr geschlachtet, also mehr Fleisch gegessen, und das Schmalz verdrängt. Aber die Leute von heute sind nicht mehr so stark und gesund. Sie halten nicht mehr so viel aus wie die starken Männer von früher, die ich noch in Erinnerung habe.

Im Haushalt wurde alles selbst erzeugt. Mutter brannte Roggen und Gerste, gemischt in der Pfanne, schön braun als Kaffee oder schnitt Zuckerrüben ganz fein, trocknete sie im Backofen ganz knusprig, legte sie dann auf eine Tischdecke, um sie mit dem Nudelwalker fein zu zerdrücken. Alles gemischt, war das ein ganz guter Kaffee.

Zur Essigherstellung kam Molke in das Essigfaßl, dazu ein bißl Brotrinde und Germ und verschiedene Kräuter zur Geschmacksverbesserung. So mußte es einen Monat in der Stube stehen, und der Essig war fertig. Die Preiselbeeren, die wir im Herbst pflückten, kamen auch in ein großes Faß, anschließend kam Wasser drauf, dann wurden noch Zitronen hineingeschnitten. Vielleicht hat Mutter noch was dazugegeben, das weiß ich nicht mehr. Den ganzen Winter konnten wir zum Trinken herunterlassen. Das war gut gegen den Durst.

Bier hat sie auch gesotten. Schnaps wurde aus Roggen gebrannt, weil es in unserer Gegend fast kein Obst gibt, wir liegen 1300 Meter hoch. Aber ich sehe im Keller noch alle Schnapsflaschen stehen, überall war was anderes drinnen: Kümmel, Wacholder, Arnika, Wermut, Enzian und Kalmuswurzeln. Es waren fast alles Kräuterschnäpse. Dann war noch der ganz starke Vorschuß. Der wurde auch mit verschiedenen Kräutern angesetzt und diente gegen Erkrankungen und für warme Schnapswickel bei Mensch und Tier. Mutter rieb sich damit oft Hände und Füße ein. Sie sagte, das macht kräftig.

Fürs Brotbacken hatten wir einen großen Ofen, da gingen dreißig Laibe hinein. Da mußten wir um zwei Uhr nachts aufstehen und zuerst im Kessel Wasser heiß machen, das war ja früher alles umständlich. Dann mußten wir Brot kneten, ganz fest. Um vier Uhr mußten wir in den Stall zum Melken und Füttern.

Inzwischen konnte das Brot aufgehen, und so um acht Uhr kam es in den Ofen. Zuerst dreißig Jausenbrote und, wenn die heraus waren, kamen zwanzig Suppenstruzel hinein, die waren ganz dunkel, da Mehl mit Kleie zusammengemischt wurde. Die blieben dann über Nacht im Ofen, damit sie innen schön austrockneten, und waren dann so hart, daß man sie nur auseinanderschlagen konnte. Daher mußten sie in heißer Suppe erst etwas aufweichen. Das war dann ganz g'schmackig.

Auch im Brot hatte Mutter einige Kräuter für den Geschmack drinnen, Kümmel und Fenchel. Dann gab es ein paar Laibe mit Leinsamen oder mit »Venum-Gregum« (Bockshornklee). Auch fein zerriebene Brennesseln kann man dazugeben. Das ist alles für den inneren Körper sehr gesund. Natürlich durften ein paar Zimtlaibe nicht fehlen. Dazu wurde nur ganz dunkles Weizenmehl genommen. Der Teig wurde ausgewalkt, mit Zimt bestreut und dann eingerollt. Am Abend beim Spinnen bekam jede Magd ein Stück Zimtbrot.

Ich weiß nicht, ob es heute auch noch so gut schmecken würde wie damals. Wenn Mutter einen Brotlaib anschnitt, machte sie immer drei Kreuze drauf. So nahmen wir Kinder fast mit Andacht jedes Stücklein Brot in die Hand. Es durfte damit nicht rumgebröselt werden. Wenn einige Brösel auf dem Tisch lagen, machte

Vater den Daumen naß und tupfte alle Brösel schön zusammen. So hatten wir wirklich vor jedem Stücklein Brot Ehrfurcht. Mir gefiel das besser als heute, wenn die Kinder oft mit allem rumwursteln und nur das Beste essen.

Gemüse kannte unsere Mutter nicht so viele Sorten, wie es heute gibt. Es stand aber vor jedem Mittagessen eine große Schüssel auf dem Tisch, im Sommer mit Salat und im Winter mit Sauerkraut. Davon mußten wir fest essen. Mutter sagte, es ist gesund und gut gegen den Hunger. Ich meine, wir haben davon noch mehr Appetit bekommen. Es gab hauptsächlich Salat, Kraut, Rüben, Bohnen und Rettich, Zwiebel und Knoblauch, auch alle möglichen Kräuter.

Mutter bekam mal von einer Frau aus Tamsweg Karfiolpflanzen. Im Herbst hatte sie dann einige Beete schönen Blumenkohl. Sie probierte alles mögliche damit, aber es kam nichts heraus. So wurde zum Schluß alles den Kühen verfüttert. Es war damals wirklich so: Was der Bauer nicht kennt, frißt er nicht.

Die Kochkunst war damals einfach nicht so groß. Das meiste, was wir hatten, war ja Kraut. Es war ein ganzes Ackerl. Sehr viele Krautköpfe wurden im Keller für Krautsalat aufgehängt. Die blieben bis Ostern frisch, und alles andere wurde eingeschnitten und kam in die tiefe Krautsohle. Die war so tief in die Erde eingegraben, daß man eine lange Leiter zum Hinuntersteigen brauchte. Da wurde es auch im Winter nicht gefroren.

Wir konnten immer Kraut heraufholen, und es blieb frisch bis zum nächsten Herbst. Dann kam das neue wieder hinunter. Bis das wieder schön sauer war, konnten wir noch das alte verwenden. So ging es einfach nie aus. Kraut wurde ja fast jeden Tag gegessen, roh und gekocht. Blieb mal ein Krautsaft übrig, schüttete ihn Mutter nicht weg, sondern er kam ins Wasser zum Gesichtwaschen. Sie sagte, wir bekommen davon eine schöne Haut.

Schmalhans war halt immer Küchenmeister

Über meine Kindheit habe ich ja schon einiges geschrieben. So möchte ich heute weiter zurückgreifen, und zwar auf das Leben meiner Mutter. Sie hat uns oft und gerne aus ihrem Leben erzählt. Obwohl sie viel Bitteres und Hartes mitmachen mußte, war sie lebensfroh und bis ins hohe Alter für alles sehr aufgeschlossen.

Auch war sie ein tiefgläubiger Mensch, zu allen sehr hilfsbereit und mitfühlend, irgendwie hatten sie alle gern. Ich sehe sie heute noch. War sie mal traurig, nahm sie ein Stücklein Würfelzucker, tropfte rundherum ein bißl Schnaps drauf, das nahm sie in den Mund, dann ging es wieder. Sie lachte und war zufrieden.

Meine Mutter ist mit dreizehn Geschwistern auf einem Bergbauernhof aufgewachsen. Es standen zwei Bauernhöfe ganz nahe beisammen, und die anderen hatten sechzehn Kinder. Mutter hat oft darüber gelacht. Zwei Häuser und fast dreißig Kinder, viele im gleichen Alter. Zusammen haben sie eine wunderschöne Kindheit verbracht. Es war immer was los, daher sehr lustig und nie langweilig. So waren sie auch alle gleich dran, was Essen und Kleidung anbelangte, hatten alle das gleiche, nicht viel, nur gerade das Notwendigste. Richtig satt wurden sie nie.

Waren die Schuhe zerrissen, tauschten sie die guten gegenseitig aus. Oft waren es auch zwei rechte oder linke. Die zerrissenen wurden weggeschmissen. Auch für Schuhbandln reichte es oft nicht. Da nahmen sie irgendein Band, und es wurde zusammengeknüpft. Sonntagskleider gab es für die vielen Kinder jeweils nur ein paar. Die wurden zum Kirchengehen ausgetauscht und angezogen.

So waren alle fast eine Familie, weil es bei beiden oft hinten und vorne nicht reichte. Doch eines hatten sie, Eltern und Kinder beider Häuser verstanden sich durchgehend gut. Gab es mal ein bißl was, es war gleich wieder gut, weil das wäre gar nicht anders möglich gewesen. Sie waren gegenseitig so verwurzelt.

Zum Essen gab es natürlich ganz einfache Sachen, was sie halt selbst so hatten. Sehr viel lebten sie von Brot, so zum Jausnen oder in Brennsuppe, Zwiebelsuppe oder Milchsuppe eingekocht. Vom Herbst bis in den Winter gab es reichlich Erdäpfel. Beim Kühehüten machten sie am Kartoffelacker ein Feuer. Nebenbei wurde ausgegraben und gebraten, das war eine Gaudi. Die Kinder kamen oft von überall zusammen, wenn sie's wo rauchen sahen, und dabei hatten sie auch genug zu essen, waren lustig und zufrieden.

Mutter erzählte uns auch, daß im Sommer, wenn ihre Mutter mit den größeren Kindern auf dem Feld arbeiten mußte, in der Früh aus Mehl, Milch und ein bißl Germ so eine Art Knödelteig gemacht wurde. Mit einem Löffel legte man die Knödel in die Bratpfanne und buk sie im Rohr braun. Zu Mittag, wenn sie heimkamen, wurden die Knödel im Wasser gekocht, ein bißl gesalzen, und fertig war das Mittagessen. Das gab eine g'schmackige Suppe – und Hauptsache, die Schüssel war groß genug für sechzehn Esser.

Doch manchmal, o Schreck, hatten die kleineren Kinder, die zu Hause blieben, die meisten Knödel aus dem Backrohr schon z'samgegessen. Natürlich gab es Schimpf, doch das machte ihnen nichts aus. Hauptsache, der Bauch war voll. Mutter mußte schnell Zwiebeln anrösten, mit Wasser und Salz aufkochen und auf Brotschnitten gießen, das war ihr Essen.

Die kleinen Schlingel wurden dann beim Essen schon oft von den Großen geplagt, denn die Knödel wären doch besser gewesen. Natürlich wurden sie nie richtig satt, weil alles nicht ausgiebig war. Schmalhans war halt immer Küchenmeister.

Miroslav Hataš

wurde am 14. Dezember 1925 in dem Dorf Hradištko bei Kolín in Ostböhmen geboren. Sein Vater war Mechaniker und hatte anfangs eine eigene Werkstatt, später war er in einer Firma tätig. Die Mutter kümmerte sich zuerst um die zwei Kinder und den Haushalt, dann war sie als Arbeiterin beschäftigt. Miroslav Hataš besuchte das Gymnasium und war später Oberstleutnant. 1994 ist er gestorben.

Die hier auszugsweise wiedergegebene Erzählung aus dem Leben der Großeltern sowie eigene Lebenserinnerungen schrieb er aufgrund eines Aufrufes im Jahre 1992 in der tschechischen Tageszeitung »Lidové noviný« und schickte sie an die Dokumentation lebensgeschichtlicher Aufzeichnungen in Prag. Die Übersetzung aus dem Tschechischen besorgte Dr. Jana Geršlová.

Großmutter backte zweierlei Kolatschen

... Bis Anfang der dreißiger Jahre backte meine Großmutter Brot immer zu Hause. Erst danach gab sie Kornbrotmehl und später das Korn selbst zum Bäcker und bekam dafür fertiges Brot.

Jedes Haus im Dorf hatte aus diesem Grund einen eigenen Backofen, der zusammen mit dem Kachelofen mit Herdplatte ein Viertel der Gesamtfläche der Wohnküche einnahm. Zum Herd gehörte auch immer der Holzstapel auf dem Hof. Es war ein Haufen von einem

Meter langen Eichenscheiten, die zum Einheizen benutzt wurden.

Im Ofen lagen dafür verschiedene Hilfsgeräte: eine zweizackige, schmiedeeiserne Gabel zum Holzschlichten im Ofen, ein Holzkammstock zum Ausscharren der Glimmkohle und Asche, ein Strohwisch zum Ofenausfegen und ein breiter Holzspaten zum Brotsetzen. Dann durfte auch ein Holzbacktrog nicht fehlen, der innen noch mit dem trockenen Restteig vom letzten Backen ausgeschmiert war und einen Holzdeckel hatte. Dazu gehörte ein großes Holzrührscheit zum Brotmischen.

Einen Tag vor dem Backen legte man ins Zimmer, in dem man backen wollte, langes Kornstroh auf den Boden. Darauf setzte man den Backtrog, in den man lauwarmes Wasser gab, dann machte man den Deckel zu. Dadurch erwachten die Gärungspilze, die in dem alten Brotteig noch vorhanden waren. Am nächsten Tag in der Früh machte man im Backtrog den Gärteig an. Wenn er aufging, gab man lauwarmes Wasser, durchsiebtes Kornmehl, Salz und Kümmel dazu und mischte den Teig mit dem Holzrührscheit.

Die Großmutter ging mit dem Rührscheit um den Backtrog und brummte dabei vor sich hin:

»Ich mische, mische, ein Gottesgeschenk
dann werde ich walzen, dann werde ich setzen,
dann werde ich backen, und dann werde ich essen.«

Dieses Singen war sehr wichtig, und niemand durfte die Großmutter dabei stören. Es war nämlich auch gleichzeitig ein Zeitmessen: Sie mußte es so und so oft singen, bis der Teig richtig gemischt war. Dann formte sie aus dem Teig vier große Brotlaibe und gab diese in die Strohschüssel, die mit dem Kornmehl bestreut wurde und in welcher der Teig gären sollte.

Die Brotlaibe mußte man noch zweimal mit einer Bürste aus Kornähren und lauwarmem Wasser waschen. Inzwischen wurde der Ofen angeheizt. Wenn der Holzstapel abgebrannt war, scharrte Großmutter die restlichen Kohlenstücke und die Asche mit einem nassen Strohwisch zusammen und machte den Ofen eine Weile zu – er mußte »ablagern«. Wenn das Brot genug aufgegangen war, kam die Zeit zum Setzen. Bevor aber Großmutter damit begann, nahm sie eine Prise Mehl und warf sie ins Feuer – ein Geschenk, damit der Ofen richtig backe, das Brot nicht verbrenne und damit das gebackene Brot gut sei.

Nach dem letzten gesetzten Brotlaib goß Großmutter ein bißchen Wasser in den Ofen, sodaß Dampf entstand. Dies sorgte für eine glänzende Kruste. Dann öffnete sie den Abzug in den Schornstein, damit der Dampf raus konnte, machte den Ofen zu und wartete, bis das Brot fertig gebacken war. Zwischendurch schmierte sie den Backtrog mit dem restlichen Brotteig aus, bestreute ihn mit ein bißchen Mehl, und wenn es dann getrocknet war, deckte sie ihn mit dem Deckel zu und stellte ihn wieder zurück in die Kammer.

Jeden Brotlaib hat der Großvater zuerst angeschnitten – er war doch der Wirt. Zuvor machte er mit der Messerspitze drei Kreuze hinein. Erst dann schnitt er den Brotkanten ab. Nach dieser Zeremonie durften auch die anderen Familienmitglieder das Brot schneiden. Dies behielt er auch später bei, als das Brot aus der Bäckerei kam.

Zu Ostern, zur Wallfahrt, zum Erntefest, zum Kirchweihfest und zu Weihnachten backte man in der Familie meiner Großmutter auch die Kolatschen im Ofen. Man heizte den Ofen dann auch außerhalb der Zeit, in der man Brot backte. Zuerst bereitete man die Kolatschenfüllung. Zu Großmutters festem Powidl mußte man ein bißchen Wasser oder Milch zugießen und alles kochen. In der Milch kochte man auch den Mohn, den man dann verrührte.

Den Topfen mischte man mit Zucker und Eiern, die Äpfel schmorte man in der Pfanne. Manchmal konnte man auch Dörrobst als Ersatz nehmen, kochen und verrühren. Die Streusel bereitete man aus Mehl, Zucker und Butter. Den Teig machte man in einem Napf, einer hölzernen Schüssel, in der man an den heißen Sommertagen in kaltem Brunnenwasser die Butter aufbewahrte.

Großmutter backte zweierlei Kolatschen. Die einen waren die »Tascherln«, die sie mit geschmolzener Butter beschmierte und in den Streuseln rollte. Die anderen waren die »Kämme«, quadratförmige Kolatschen mit Füllung, mit einem Teigstück verziert, eingeritzt und mit Streuseln versehen. Die aufgegangenen Kolatschen auf den Blechen gab unsere Großmutter in den Ofen. Mit einem speziellen Vorgang bekamen sie einen einzigartigen Geschmack. Wir sagten immer, daß sie nach unserem Dorf Hradištko dufteten.

Die gebackenen Kolatschen legte man nach dem Backen auf reines Stroh, dort mußten sie auskühlen. Erst dann legte sie unsere Großmutter auf eine sehr breite, extra aus dem Kornstroh gemachte Strohschüssel, die von meinem Großvater geflochten wurde. Es tut mir bis heute leid, daß ich keine von diesen schönen Schüsseln zum Andenken behalten habe. Sie hatten nämlich einen Durchmesser von mehr als einem Meter und wurden so fest gemacht, daß man damit auch Wasser tragen konnte, ohne einen Tropfen zu verlieren. Die Strohschüssel mit den schon kühlen Kolatschen wurde mit einem Leintuch abgedeckt und in die Vorratskammer gestellt. Daraus nahm man sie auf den Teller, bestreute sie mit Zucker und trug sie zum Tisch. Es war ein Leckerbissen!

Das wichtigste Getränk meiner Großeltern war reines Brunnenwasser. Dieses Wasser zog man aus dem Brunnen herauf. Man »wog« es in einer Holzkanne oder einer kleinen Butte mit einem eisernen, beschlagenen Haken auf der Holzstange aus dem offenen Brunnen. Dieser war sehr tief in den Boden gebohrt und noch einige Meter mit einer Röhre verlängert.

Das Wasser war deshalb kalt, erfrischend und sehr hart. Am Brunnenrand lag im Sommer immer ein Becher zum Trinken. Da man ihn nie abschloß, konnte jeder Vorbeigehende das Wasser »wiegen« und seinen Durst löschen. Von diesem Wasser tranken mein Großvater und meine Großmutter eine große Menge, und vielleicht ist dies der Grund für ihre Gesundheit. Sie litten weder an Gelenk- noch an Nierenbeschwerden.

Später wurde der hölzerne Brunnenrand gegen einen Betonring ausgetauscht, und der Brunnen bekam eine Holzpumpe, die der Pumpenmacher Horyna aus Voč bei Hradec Králové baute und installierte. Ich erinnere mich noch daran, daß es damals in unserem Dorf drei Brunnen gab, aus denen man auch das Wasser »wog«. Im Unterschied zu unserem Brunnen wurde die Stange mit dem Haken auf einem doppelarmigen Hebel aufgehängt. Dieses System wurde wahrscheinlich von einem pensionierten Soldaten ins Dorf gebracht, der wohl noch dem Herrn Kaiser in Ungarn oder in Siebenbürgen gedient hatte.

Wenn man damals Butter schlug, war die entstandene Hausbuttermilch ein sehr erfrischendes Getränk. Man stellte sie immer auf den kalten Steinboden des Milchkellers. Von Zeit zu Zeit, wenn der Großvater vom Feld nach Hause kam, ging er in den Keller und erfrischte sich mit der kalten »Käsemilch«, die man aus dem Topfen preßte.

In guten Jahren sammelten meine Großeltern sehr oft und gern Heidelbeeren, die in den umliegenden Wäldern wuchsen. Die Heidelbeeren wurden immer gerade zur passenden Zeit reif – in der Zeit zwischen den Hauptfeldarbeiten. Einen Teil der gesammelten Heidelbeeren aß man frisch in Buchteln oder Germknödeln.

Einen anderen trocknete die Großmutter für die Winterzeit, und aus dem letzten Drittel erzeugten Großvater und Großmutter Heidelbeerwein. Sie machten ihn nach dem Rezept von Großvaters Schwestern, den Tanten Anna und Marina. Der Wein wurde dann auf dem kalten Steinboden des Kellers reif. Ein Gläschen dieses gut gekühlten Weins war dann an den schwülen Erntetagen eine sehr gute Erfrischung. Es war aber eher eine Leckerei.

Bier kaufte man damals vor allem in Einliterflaschen, wenn man auf den breiten Wiesen zwischen dem Fluß Cidlina und dem Mühlengraben Gras mähte und Heu oder Grummet trocknete. Die Wiesen waren vom Dorf durch einen breiten und tiefen Mühlengraben abgegrenzt, und der Weg ins Dorf über die Brücke an der Mühle war ein großer Umweg.

Aus diesem Grund hatte jedes von den beiden Wirtshäusern, die fast nebeneinander in der Dorfmitte standen, einen Steg über den Mühlengraben. Das Hynek-Wirtshaus hatte einen festen, breiten Mühlensteg mit einem Geländer. Dieses Geländer baute mein Großvater mütterlicherseits, als er hier als Gastwirt arbeitete, obwohl er gelernter Müller war. Der Mühlensteg des zweiten Wirtshauses – des Hlavek-Wirtshauses – war nur aus zwei Holzbrettern gebaut, die in der Mitte durch die im Mühlengrabensumpf eingeschlagenen Pfähle gestützt wurden. Das Geländer war sehr brüchig, und so war es kein Wunder, daß diese Brücke bei Hochwasser hie und da mitgerissen wurde – man fand sie erst bei der Mühle wieder.

Beim Dreschen war es üblich, daß jeder Drescher, egal ob Mann oder Frau, eine Einliterflasche Bier zum Essen bekam – zum zweiten Frühstück, zum Mittagessen, zur Jause. Bei der Wallfahrt, der Kirchweih, an Festtagen und manchmal auch sonntags war es selbstverständlich, das Faßbier vom Wirtshaus zu trinken. Man schaffte es in Tonkrügen herbei. Ich weiß nicht mehr, ob es sich um 7-Grad- oder um 10-Grad-Bier handelte, man kaufte einfach nur Bier.

Aufs Feld brachte man immer etwas gegen den Durst mit. Oft war es – im Tonkrug oder in der Blechmilchkanne – der bittere, schwarze Kaffee aus geröstetem Korn und Zichorie. Bei großer Hitze konnte es auch Brunnenwasser sein, und dann gab es drei Möglichkeiten: erstens kaltes Wasser mit ein bißchen Essig; zweitens kaltes Wasser mit ein bißchen Essig und einem Stück Zucker; drittens kaltes Wasser, ein Stück Zucker und ein bißchen Speisesoda.

Hochprozentigen Alkohol genoß man in unserer Familie wenig. Unsere Großmutter hatte immer eine Flasche Rum zu Hause – in der Faschingszeit brauchte sie ihn, wenn sie Krapfen backte. In den Teig mußte man immer ein paar Löffel heineingeben. Auch für Buchteln, Kolatschen oder zum Powidl-Einkochen brauchte man Rum.

Unser Großvater hatte immer in einer Viertelliterflasche einen »Bitteren«, den er bei Magenbeschwerden mit einem Stück Zucker zu sich nahm.

Den Kaffee, den wir heute kennen, kochte man damals nicht. Zum Kaffee aus Korn und Zichorie gab man nur ein paar Kaffeebohnen, ausschließlich des Aromas wegen.

Schwarztee war damals mehr als ein gewöhnliches Getränk. Bei Erkältungen trank man einen Kräuterabguß aus Lindenblüten, zum Schwitzen war ein Aufguß aus den Blüten des schwarzen Holunders am besten. Bei einer Erkrankung der Bronchien empfahl man einen Aufguß aus Brennesselblättern, die entweder – im Frühjahr – frisch gesammelt oder getrocknet verwendet wurden. Ein erfrischendes und beruhigendes Getränk entstand aus Quendel. Gegen Magenbeschwerden trank man Wermutabguß mit Erdgalle, Magenwurz und Kümmel.

Kurt Zabrana

wurde am 12. September 1926 in Wien als erstes von zwei Kindern geboren. Sein Vater war Anstreicher und Maler, seine Mutter Hausfrau. Nach dem Pflichtschulbesuch machte er von 1940 bis 1943 eine kaufmännische Lehre in einem Büro- und Schreibwarengroßhandel. 1949 heiratete Kurt Zabrana und war bis 1968 als Großhandelskaufmann in einer Firma tätig.

Seine hier auszugsweise veröffentlichten Lebenserinnerungen »So war's einmal« schrieb er aufgrund eines im Februar 1994 in der österreichischen Tageszeitung »Neue Kronen Zeitung« erschienenen Artikels und schickte das etwa siebzig Seiten umfassende Manuskript der Dokumentation lebensgeschichtlicher Aufzeichnungen in Wien. Er beschreibt darin ausführlich seine Kindheit und Jugend im dritten Wiener Gemeindebezirk.

Was auf den Tisch kommt, wird gegessen

... 1936 gab es eine von ein paar beherzten Leuten initiierte »Ferienaktion«. Meine Mutter zahlte zwei Schilling, die für Fahrtspesen gedacht waren, und ein Mann und eine Frau fuhren mit uns, so 25 Buben und Mädchen, mit der Südbahn nach Baden bei Wien. Dort klopften sie mit der ganzen Schar im Hintergrund an so manches Haus und boten uns Kinder an. Sie fragten, ob wir nicht ein paar Wochen »dableiben« könnten.

Nun, das ging ganz gut, aber am Anfang habe ich schon geglaubt, daß ich übrigbleibe. Jedoch in der Pelzgasse, bei einer Weinhauerfamilie, wurde ich ausgesucht. Die alte Frau schaute mich an und sagte: »Den nehm' ich, der schaut meinem Pepi, der gefallen ist, so ähnlich.«

Ja, da hatte ich es fein getroffen. Der Schwiegersohn, der im selben Haus wohnte, hatte in der Marchetstraße ein gutgehendes Delikatessengeschäft, der Großvater einen Holzkohlenhandel. Ich wurde erst einmal von Kopf bis Fuß neu eingekleidet und war der Hahn im Korb, speziell bei Tante Fini, einer alleinstehenden Tochter, die in irgendeinem Amt tätig war. Es gab auch eine Tochter, die ungefähr in meinem Alter war und Eva hieß. Sie war ein großes Mädchen, das beim Schwimmverein EWASK in Baden Rekordschwimmerin war.

Aber ein wahre Wonne waren die Tage, wenn ausgesteckt war. Da wurden im Garten Tische und Bänke aufgestellt. Der Herr Rudi, der Kommis des Delikatessengeschäftes, mußte Lampions aufhängen, wobei ich fleißig mithalf. Die ganze Familie war in das Treiben eingespannt, und ich bin zum »Brotschani« eingeteilt worden. Ich bekam einen Korb umgehängt, mit Brot, Brezeln und Salzstangerln.

Ich sollte rufen: »Frische Brezeln, frische Brezeln!«, aber ich bekam anfangs kein Wort heraus, weil ich mich so genierte, bis mich der Herr Rudi zur Seite nahm und mir ins Gewissen redete: »Schau, sei nicht so blöd, die Leut' geben dir alle ein Trinkgeld, speziell wenn sie angeflaschelt sind, und des gehört dann dir!« So versuchte ich es halt noch einmal, und, siehe da, es ging von Mal zu Mal besser. Schon damals schlug meine kaufmännische Ader durch, und ich wurde in einigen Tagen für Bubenverhältnisse reich.

Auch so lernte ich allerhand kennen, angefangen vom schönen Kurpark mit der Blumenuhr, dem Doblhoffpark mit den Schifferin, der Cholerakapelle mit entsprechender Jause mit Kakao und Mehlspeise.

Nur in der Kohlenhandlung fühlte ich mich nicht wohl. Da wurde Holzkohle in Papiersäcke verwogen, schmutzige Hände waren das mindeste, aber auch mein neues Gewand litt darunter. Gott sei Dank war ich da nur zweimal tätig. Auch die Weingartenarbeit, die die Familie in ihren eigenen Weingärten betrieb, war nicht ganz nach meinem Geschmack. Die Sonne brannte herab, allerdings gab es einen Haustrunk zu trinken, der mir schon schmeckte.

Zum Mittagessen kamen immer die ganze Familie und sämtliche Angestellte des Hauses und des Geschäftes zusammen, das waren gut und gern zwischen 18 bis 20 Personen. Gekocht hat immer die »Mutter« unter Beihilfe eines »Kuchlmensches«, und es gab jeden Tag Fleisch, und das reichlich, und so oft man wollte, konnte man nachverlangen. Im nächsten Jahr wurde ich wieder eingeladen, und ich werde diese Menschen, die mir soviel Gutes taten, niemals vergessen.

Ja, das Essen war auch in unserer Familie immer ganz, ganz wichtig. Für meinen Vater war ein Essen ohne Suppe undenkbar, und den Teller leeressen mußte man auch. »Was auf den Tisch kommt, wird gegessen!« lautete seine Devise, und »Das esse ich nicht!« oder »Das mag ich nicht!« wurde einfach nicht zur Kenntnis genommen.

Die Mama war da schon barmherziger. Die Paradeissauce (mit Zucker) konnte ich einfach nicht essen, und da hieß es dann: »Da kannst keinen Hunger haben!« Aber das obligate Schmalzbrot war schon zu haben, allerdings mit dem Kommentar meines Vaters: »Ja, ja, verwöhn' ihn nur, wirst schon seh'n, wo'st hinkummst!« Der Kommentar meiner Schwester, der ja nicht fehlen durfte: »Bei dem machst immer a Ausnahm – aber das nächste Mal kriag ich auch a Schmalzbrot!« Worauf meine Mutter konterte: »Ja, ja, bist eh schon so blad, und a klans Schweindl ziag ma net auf!« Und nun war der Familienkrach fertig.

Meine Schwester heulte laut und vernehmlich, der Papa sekundierte: »Des hast jetzt davon!« Und ich biß herzhaft in mein Schmalzbrot und grinste genüßlich und vielleicht auch ein wenig schadenfroh. Es gab ja nicht sehr viele Dinge, die ich absolut nicht essen konnte. Da war die vorhin erwähnte Paradeissauce, auch Feuerwehrsauce genannt, dann noch eine Schwammerlsauce aus irgendwelchen obskuren Täublingen. Das sah aus! Und es schmeckte und roch wie etwas säuerlich Erbrochenes. Furchtbar!

Aber auch sonst gab es wohl Dinge, die ich nicht so gerne aß, wie Krautfleckerln (die auch gezuckert wurden) oder irgendwelches Fleisch mit Flaxeln und Knorpeln. Ansonsten war meine Mutter eine gute Köchin, und wenn man hungrig ist, schmeckte damals vieles, was mir wahrscheinlich heute nicht mehr unter die Nase gehen würde.

Traditionen wurden hochgehalten. Zu Weihnachten gab es Fisch und eine Gans; zu Ostern für Vater ein

Kitzl, für uns ein Geselchtes (aber erst nach der Auferstehung), am Gründonnerstag selbstverständlich Spinat mit einem Ochsenaug' und Erdäpfelschmarrn. Spinat gab es damals nicht im Tiefkühlpaket, sondern er mußte gekocht und dann mit einem Wiegemesser zerkleinert werden. Mitunter wurde diese Masse noch mit einem Passierholz durch ein emailliertes Sieb passiert, mit Knoblauch versetzt und mit einer Einbrenn versehen, damit es was ausgab.

Viele der damals gebräuchlichen, einfachen Haushaltsgeräte gibt es heute nicht mehr, sie werden auch nicht mehr benötigt. Welche Hausfrau stellt heute noch Teigwaren selbst her? Da gab es noch ein Nudelbrett aus Ahornholz und dazu einen Nudelwalker. Der Teig wurde dann – die Rezepte hierfür variierten von Gasse zu Gasse – in kreisrunde Flecken ausgewalzt, die, je nach Bedarf in sieben bis acht Zentimeter breite Streifen geschnitten, auf den Kasten kamen, um auszurasten. Dann wurden Nudeln, breitere oder feinere, oder Fleckerln geschnitten und meist auch gleich verkocht.

Obst gab es natürlich nur nach Saison. Gekauft wurde entweder auf dem Markt oder vom »Pracker«. Dieser zog ein Wagerl, auf dem sich außer der lauthals angepriesenen Saisonware eine Waage mit eisernen Gewichten und Papiersäcke und Tüten befanden.

Meist waren zwei Verkäufer dabei, die laut, ja sehr laut schrien: »Maschanska, scheene Maschanska hab'n mar da! Dar Kilo dreißig Groschen! Maschanska, Maschanska!« Maschanska waren keinesfalls Superäpfel im heutigen Sinn, ohne jedes Fleckerl, sondern ungleichmäßig, eher kleiner geformte Äpfel, die aber einen unvergleichlichen Geschmack aufzuweisen hatten. Speziell für ein Apfelkompott waren diese Äpfel ganz herrlich.

In das Kompott kamen ein paar Gewürznelken (Nagerin) und ein Stück Vanille hinein. Diese Apfelsorte ist heute nur mehr ganz selten auf dem Markt zu sehen. Aber auch Strudler wurden so angeboten. Das waren Äpfel, die sich vorzüglich für einen ausgezogenen Wiener Apfelstrudel mit Bröseln und Rosinen eigneten und leicht säuerlich waren.

Der Teig für den Apfelstrudel wurde auf einem eingemehlten weißen Tuch kunstvoll dünn ausgezogen, so dünn, daß man eine Zeitung, die man darunterhielt, lesen konnte. Für meinen Vater war das allerdings »kein Essen«, da mußte dann unbedingt vorher eine kräftige Rindsuppe mit Nudeln her, mit soviel Nudeln, daß der Löffel stecken blieb, oder eine deftige Bohnensuppe mit Bröselnockerln.

Kirschen aus dem Burgenland, Ananas – heute heißen sie Erdbeeren –, Marillen aus der Wachau, Kriacherln, Ringlotten, Zwetschken und Weintrauben waren die häufigst angebotenen Obstsorten. Es gab damals ja keinen Lebensmittel-Supermarkt, und in allen Gassen war eine Vielfalt von Greißlern. Eine Trafik und eine Milchfrau waren meist auch in unmittelbarer Nähe vorhanden.

Selbstverständlich war an fast allen Ecken ein Wirtshaus, ein Beisel, vorhanden, was nicht mit einem Restaurant im heutigen Sinne zu verwechseln ist. Alle Wirtshäuser hatten warme Küche, allerdings ohne Riesenauswahl, aber meist gut gekocht. Da gab es das Schnitzel mit Salat, Schweinsbraten, Gulasch mit einem

Schusterlaberl, ab und zu ein Beuschel mit Knödel oder sonst einfache Hausmannskost.

Beim Greißler wurde meist aufgeschrieben, also nicht bar bezahlt. Der Greißler hatte ein Büchl, in das er den Wert der jeweils gekauften Ware eintrug. Am Freitag oder auch am Monatsersten, je nach Übereinkunft oder Möglichkeit, wurde die Schuld beglichen und aus dem Büchl gestrichen. Wenn der Schuldenberg zu hoch war, wurden meist die Kinder einkaufen geschickt, und da gab es schon öfter die Mahnung seitens des Greißlers: »Sag' deiner Mama, des war des letzte Mal, daß i aufschreib!«

Trude Baumgartner

wurde am 25. Februar 1928 in Linz (Oberösterreich) geboren. Ihr Vater arbeitete als Schaffner, später als Stellwerkmeister bei der Eisenbahn. Die Mutter versorgte den Haushalt und die drei Kinder. Mit neun Monaten kam Trude Baumgartner als Ziehkind zur Großmutter mütterlicherseits, wo sie bis zu ihrem 14. Lebensjahr blieb. Sie besuchte die Handelsschule und die Bundeslehranstalt für hauswirtschaftliche Frauenberufe. Danach arbeitete sie mehrere Jahre als Angestellte einer Kredit- und Finanzierungskanzlei.

Trude Baumgartner hat aufgrund eines im Februar 1994 in der österreichischen Tageszeitung »Neue Kronen Zeitung« erschienenen Artikels mehrere kürzere Texte an die Dokumentation lebensgeschichtlicher Aufzeichnungen in Wien geschickt, die Erlebnisse aus ihrer Kindheit zum Inhalt haben. Den hier vollständig wiedergegebenen Text verfaßte sie im Anschluß an einen thematischen Aufruf im Weihnachts-Rundbrief 1994.

Großmutters Wein

Meine Großmutter war eine äußerst sparsame und praktische Frau. Als jüngstes von elf Kindern eines Leinenwebers aus Helfenberg im Mühlviertel waren Entbehrungen und größte Sparsamkeit ständige Begleiter ihres Lebens. Für alles Weggeworfene, ob Knopf oder Nagel, unbeachtet auf der Straße liegend, hatte sie eine Verwendung.

Auch von den regelmäßigen Besuchstagen bei ihrer Tochter, meiner Tante Käthi, kamen wir nie leer heim. Übriggebliebene harte Scheiben schwarzes Brot oder gar ein »Scherzerl«, der Anschnitt oder Rest eines Brotlaibes, wurden mit Freude in die Stofftasche mit den hölzernen Ringen eingepackt. Sonst nahm sie nie etwas an. Auf dem Kasten im Schlafzimmer stand eine Schachtel, die so lange mit hartem schwarzem Brot gefüllt wurde, bis der Inhalt reichte, ein dafür bestimmtes großes, gläsernes Gefäß zu füllen.

Großmutter konnte sich keinen Wein kaufen, so machte sie sich ihren eigenen. Von Zeit zu Zeit, die Ungeduld war ja groß, wurde probiert. Auf einem Holzbrett wurden die harten, trockenen Stücke mit dem Hammer oder Holzschlägl bearbeitet und durch den breiten Hals der Glasflasche eingefüllt. Jedes Krümchen kam hinein. Meist reichte das Gesammelte. Das Feuer im Ofen war dann hell und groß, um das Wasser in den großen Töpfen auf der Herdplatte zum Sieden zu bringen. Zucker wurde abgewogen, Germ zerbröselt und das abgekochte Wasser ausgekühlt.

Weggerückt vom Tisch stand Großmutters bequemer Stuhl. Ich kniete darauf und beobachtete, wie schwierig es war, daß nach dem Einfüllen der Zutaten das Brot nicht wieder aus dem Gefäß herauskam. Ein Teller, umgedreht und beschwert, hielt das Brot zurück, ließ aber später bei der Gärung Flüssigkeit heraus.

Bald stand das »Faß« des künftigen Weines im Schlafzimmer und wurde vor jedem Zubettgehen betrachtet. Für mich war dieser Anblick bald alltäglich geworden. Nach einiger Zeit regten sich aber Bläschen und Perlen in dem Behälter. Sie schoben das erweichte Brot nach oben. »Es wird schon, er spricht uns schon an!« Großmutter und der Flascheninhalt verstanden sich. Schaum trat heraus, und vom Boden des Gefäßes her wuchs eine schöne, klare Flüssigkeit.

Für die Zeit des Abfüllens wurden schon Flaschen gereinigt, Korken ausgekocht und das große leinene weiße Tuch nochmals beim Brunnen gewaschen und an der Luft getrocknet. Es war nicht der erste Wein, der durchgepreßt werden sollte. Nach drei oder vier Wochen war es soweit. Auf dem Tisch lag ein Stockerl mit den Beinen nach oben, daran geknüpft das Leinentuch und darunter ein Weitling. Da hinein floß durch das Tuch die Flüssigkeit, der dicke Rest wurde ausgepreßt.

Großmutter drehte das Tuch, bis es zu platzen drohte. Sie füllte, verkorkte und zählte die Flaschen und war zufrieden. Den Inhalt des Tuches mußte ich auf den Abfallhaufen im Garten werfen. Alle gefüllten Flaschen standen bald gut überschaubar auf dem Kasten im Schlafzimmer. Nur der übriggebliebene Rest diente zum Verkosten, und das halb gefüllte Glas wurde genüßlich betrachtet.

Ich hatte wieder Großmutters Stuhl besetzt, und so sah ich über den Küchentisch hinweg durch das Fenster ins Freie. Was war da?

Die vielen Spatzen, Amseln, Finken, Grünlinge und Meisen flogen nicht wie sonst um das Futterhäuschen, sondern wackelten und torkelten auf und um den Abfallhaufen.

Wir waren überrascht, schauten, staunten und schauten. So etwas hatten wir von unseren Vögeln im Garten noch nie gesehen. »Wie betrunken«, stellte Großmutter entsetzt fest, obwohl der Anblick fast belustigend wirkte. »Die Brotweinreste, die ich hinausgestreut habe, die werden es sein!« Betroffen dachte Großmutter lange nach. »Nein, das passiert mir nicht! Ich nehme nicht so viel auf einmal zu mir wie die da, und dann nur mit Wasser verdünnt!«

Edith Kurzmann

wurde am 26. Juli 1935 als jüngste von vier Schwestern in Wien geboren. Ihr Vater war Hilfsarbeiter, die Mutter gelernte Krawattennäherin, sie hat aber diesen Beruf nie ausgeübt. Edith Kurzmann besuchte die Volks- und Hauptschule und begann danach eine Lehre als Weißnäherin, die sie jedoch nach 2 1/2 Jahren abbrach. Anschließend war sie Hilfsarbeiterin, Verkäuferin und Straßenbahnschaffnerin bei den Wiener Verkehrsbetrieben, wo auch ihr zweiter Mann, ein Schlosser, arbeitete. Ihr erster Mann, ein Buchbinder, hatte sich 1954 das Leben genommen.

Den hier veröffentlichten Text über Essen während des Zweiten Weltkrieges und in der Nachkriegszeit – Jahre, die Edith Kurzmann im 2. Wiener Gemeindebezirk erlebte –, verfaßte sie aufgrund meiner ausdrücklichen Bitte. Im Archiv der Dokumentation lebensgeschichtlicher Aufzeichnungen in Wien befinden sich ihre von der Kindheit bis 1978 reichenden Erinnerungen »Das Leben«, die sie nach einem im Februar 1994 in der österreichischen Tageszeitung »Neue Kronen Zeitung« erschienenen Artikel der Dokumentation lebensgeschichtlicher Aufzeichnungen dieser zugeschickt, aber schon früher verfaßt hat.

Germknödel, Stanitzel-Eis und Wüstensandsuppe

Im Krieg gab es keinen Mohn zu kaufen, und es war streng verboten, welchen anzubauen. Obwohl Verbote streng überwacht und auch bestraft wurden, gab es immer ein paar Leute, die geschickt waren und heimlich Wege fanden, Verbote zu umgehen.

Einmal gelang es meiner Mutter, irgendwoher Mohn zu »organisieren«. Das war für die ganze Familie ein Festtag! Mutter kochte Germknödel mit Mohn. Alle freuten sich schon auf das gute Essen. Doch als es endlich fertig war, hörten wir im Radio den berühmten und gefürchteten Kuckuck rufen und die Ansage, daß feindliche Flieger im Anflug auf Wien waren. Schnell wickelte Mama das Reindl mit den Knödeln in eine Decke, gab es in eine Tasche, und schon liefen wir wieder einmal in den Augarten zum Bunker.

Da es drinnen nur eine Notbeleuchtung gab, war es an verschiedenen Plätzen sehr dunkel. Dort setzte sich die Mutter mit uns Kindern hin und drückte jedem einen Knödel in die Hand. Dabei flüsterte sie: »Schnell essen und gebt acht, daß euch niemand sieht!« Es bestand nämlich die Gefahr, von neidischen oder boshaften Menschen angezeigt zu werden. Mir war die Freude auf das gute Essen vergangen. Meine Angst vor dem Fliegerangriff war größer als der Hunger. Auch widerstrebte es mir, diesen Knödel hastig runterschlingen zu müssen.

Mama muß mit dem Mohn sehr sparsam gewesen sein, denn nach einiger Zeit machte sie Erdäpfelnudeln mit Mohn. Und wieder Fliegeralarm! Der Vorgang wie mit den Germknödeln wiederholte sich. Im dunklen Teil des Bunkers wurde gegessen. Mama sagte damals: »Ich koche nie mehr etwas mit Mohn. Immer wenn ich mit dem Kochen fertig bin, kommen die Bomber!« Natürlich war das Spaß, denn auch ohne Mohn gab es Fliegeralarm.

Damals gab es in der Vereinsgasse ein Eisgeschäft. Heute würde man Eissalon dazu sagen. Der Besitzer war Italiener und hieß Fridrizzi. Dort kaufte uns Mama manchmal ein Stanitzel-Eis. Als aber die Fliegerangriffe begannen, wurde das Geschäft gesperrt, und Herr Fridrizzi kam nicht mehr nach Wien. In der Nachkriegszeit – leider weiß ich das Jahr nicht mehr, es war zwischen 1946 und 1949 –, ging die Nachricht wie ein Lauffeuer durch unsere Gasse: »Der Fridrizzi hat wieder aufgemacht!« Und alle liefen, um endlich wieder diese kleine Köstlichkeit, die man Eis nennt, zu genießen. Doch dann gab es eine kleine Enttäuschung.

Herr Fridrizzi hatte keine Stanitzel und keine Becher. Man mußte mit einem Glas hinkommen, in das er das Eis gab. Trotzdem war der Ansturm so groß, daß die Leute auf der Straße Schlange standen und er das Geschäft zeitweise schließen mußte, um neues Eis zu machen. Obwohl der Eismann einen Zettel mit der nächsten Öffnungszeit auf den Rollbalken klebte, blieben die Leute in der Schlange angestellt, damit sie nicht wieder zu spät kamen. Oft standen sie bis zu zwei Stunden und warteten geduldig.

Als der Krieg zu Ende war, gab es eine sehr schlimme Zeit. Zuerst hatte Mama noch Bohnen, Mehl und sogar ein Stück Speck, das meine älteste Schwester Lizzi auf dem Nordbahnhof »organisiert« hatte, als die Russen schon vor Wien kämpften. Doch das reichte nicht lange. Ich kann mich erinnern, daß ich mir manchmal eine Einbrenn machte und diese aß, weil ich so hungrig war. Sonst gab es nur Suppe. Brot hatten wir auch keines mehr.

Irgendwann gab es dann, wahrscheinlich auf Marken, getrocknete Erbsen aus Beständen der Russen. Doch diese Erbsen waren wurmig. Mutter gab diese Erbsen über Nacht ins Wasser, am nächsten Tag auf ein Nudelbrett, rollte dann mit dem Nudelwalker darüber, bis die Erbsen aufsprangen. Dann trennten wir alle die Erbsen von den Würmern, damit Mutter Erbsensuppe machen konnte.

Auch wenn wir uns noch so bemühten, ein paar Würmer schwammen doch immer auf der Suppe. Später machte Mama Erbsenpüree, damit man die Würmer nicht mehr so deutlich sehen konnte. Es hatte nur einen Nachteil: Für das Püree brauchte Mama mehr Erbsen, und der Vorrat ging schneller zu Ende.

Das erste Brot, welches wir dann bekamen, war köstlich. Obwohl wir es ohne Butter, also trocken, aßen, war es für mich das beste Essen der Welt, und es beruhigte so herrlich den hungrigen, schmerzenden Magen. Meiner Freundin Helga ging es damals schon besser. Da ihre Mutter Chefsekretärin war, hatte sie gute Beziehungen. Bei ihr gab es Trockenmilch, Trockeneier, ja sogar Cadbury-Schokolade und Dosen mit Corned-Beef.

Zu den ersten Weihnachten im Frieden 1945 gab es bei uns Einbrennsuppe. Als ich zu Helga kam, gab es bei ihnen Fleisch. Bei dem Wort »Fleisch« mußte ich schlucken, und mein Magen begann heftig zu knurren. Als Helgas Mutter mich fragte, was wir zu den Feiertagen gegessen hatten, antwortete ich ehrlich: »Einbrennsuppe«. Da sah sie mich so verdächtig an, daß ich mich direkt für unser Essen schämte.

Ich weiß, daß es vielen Menschen damals besser gegangen ist. Man konnte ja »hamstern«, das heißt, verschiedene Wertsachen, von Wäsche angefangen bis zum Klavier oder Schmuck, auf dem Land bei Bauern für Eier, Erdäpfel, Mehl oder sogar Fleisch eintauschen. Auch auf dem »schwarzen Markt« konnte man fast alles kaufen, doch Mama machte das nicht, und Papa war noch nicht aus dem Krieg zurück.

Nach dem Krieg gab es für die Kinder in den Schulen eine »Ausspeisung«. Man mußte ein Geschirr und einen Löffel mitbringen und bekam ein Mittagessen. Da wir in der russischen Zone wohnten, wurde es von den Russen gespendet. Meistens gab es Erbsensuppe oder Erbsenpürree mit kleinen Faserstückchen Fleisch drinnen.

An manchen Tagen wurde auch von der amerikanischen Armee Essen gebracht. Dieses Essen war viel besser, und wir Kinder freuten uns darüber. Ein Gericht ist mir besonders in Erinnerung geblieben: Es war ein brauner, süßer, dickflüssiger Brei mit Feigen. Wegen der Körnchen der Feigen, die immer zwischen den Zähnen knirschten, als hätte man Sand im Mund, wurde diese Speise von uns Kindern respektlos »Wüstensandsuppe« genannt. Aber gut war es trotzdem, und der Hunger wurde auch gestillt. Da die Zeit dann besser wurde und immer weniger Kinder zu dieser »Ausspeisung« gingen, wurde sie eingestellt.

Maria Schiffinger

wurde am 6. Juni 1948 in Krems (Niederösterreich) geboren, wo sie auch heute noch lebt. Ihr Großvater gründete hier 1908 die Glas- und Porzellanhandlung »Salomon«, die später die Eltern der Autorin – ein Glasermeister und eine ehemalige Lehrerin – übernahmen und in der die gelernte Sekretärin seit 1971 tätig ist.

Maria Schiffinger hat, angeregt durch verschiedene Rundschreiben der Dokumentation lebensgeschichtlicher Aufzeichnungen in Wien, mehrere Erinnerungstexte verfaßt. Die hier wiedergegebene Geschichte ist ihrem Band »Verwandte, Wahlverwandte und ein Prinz« entnommen, den sie im Eigenverlag veröffentlichte.

Achtzehnerlei Bäckerei

... Großvater war aus Wels, doch das Leben begann in Krems. Krems um 1908: Großvater war siebenundzwanzig, als er herkam und sich das Haus ansah. Das Haus, am östlichen Ende der Kremser Altstadt gelegen, am Ende der Unteren Landstraße, gleich bei der Wienerbrücke, dürfte ihm zugesagt haben. Es war eine gute Lage mit einem großen Einzugsgebiet. Die Leute aus dem Waldviertel kamen aus dem Norden, und auch aus dem östlichen Umland traf man sich hier in der Stadt.

Jeden Dienstag wurde auf dem Platz vor der Wienerbrücke der Rinder- und Schweinemarkt abgehalten. Es gab hier jede Menge Gasthäuser mit Pferdeställen und Einkehrmöglichkeiten und schon immer viel Verkehr, Roß- und Ochsenwagen mit Bau- und Brennholz, Schlacht- und Stechvieh, mit Weinfässern und Feldfrüchten. Dazu kamen noch die schweren Fuhrwerke des Fern- und Durchzugverkehrs.

Mit der Zähigkeit eines ehemaligen Spitzensportlers – er war oberösterreichischer Radrennmeister gewesen – trat Großvater fest in die Pedale, um das Geschäft in Schwung zu bringen. Er hatte zuerst das linke der beiden kleinen Geschäfte, die sich im Haus befanden, übernommen. Denn statt dem Schild »Kloiber & Paradeiser« sah man bald ein großes Schild mit dem Namen »Salomon« vorgesteckt. Später kam noch das, von der Straße aus gesehen, rechte Geschäft dazu, das »Tuch-, Mode- und Confektionsgeschäft« von Josef Jaklisch. Ein Jahr später, so erzählte Tante Mirly, hat er sich dann entscheiden müssen, ob er das Haus kauft. Und 1909 hat er dann die Großmutter geheiratet.

... Lange Zeit habe ich sie nur so gesehen, wie sie zuletzt im Lehnsessel im Wohnzimmer im zweiten Stock gesessen ist. Jeden Abend waren mein Bruder und ich aus unserer Wohnung im ersten Stock hinaufgegangen und bei ihr im Wohnzimmer geblieben, bis wir, von der Krankheit verdrängt, lieber in die nebenan gelegene Küche gingen, von wo aus die Köchin ihr kulinarisches Regiment über drei Haushalte führte.

... Rasch war wahrscheinlich der Zustand erreicht, wo die Großmutter »die Gnädige« war, die mit der Köchin, »der Mihei«, den Speiseplan bestimmte, und wo nach langen Beratungen, was man diesmal kochen würde, doch am Sonntag wieder »der Unvermeidliche« auf dem Tisch stand: ein Kalbsnierenbraten mit Reis.

Unter der Woche gab es zu Mittag meist gekochtes Rindfleisch mit Gemüse, zum Beispiel Kohl, dick eingebrannt, und natürlich immer Rindsuppe. Abends Bratwürstel mit kurzem, braunem Saft, Naturschnitzel, die fast zerfielen, weil der Saft, braun glaciert, das Wichtigste war. Grammelknödel aus Semmelteig, flaumig und locker, mit Sauerkraut, und ein Topfenstrudel aus weiß Gott wieviel Eiern – man sah die Köchin nur Eier aufschlagen – waren die Glanzpunkte.

Die Köchin, die keinesfalls rund, rosig und dick war wie ihre Schwester, die Frau Rösner, sondern mager und fahrig, betrieb ihre Kochkunst als undurchschaubare Kunst, als eine Art Alchemie, wobei sie schon frühmorgens mit den Arbeiten in der Küche begann und immer Häferln mit Resten von Saft, Suppe und Ähnlichem neben der Arbeitsfläche stehen hatte, die dann beigemengt wurden und den Speisen einen unverwechselbaren Geschmack verliehen. Unnachahmlich war auch der Nußpudding, ein im Wasserbad gekochter Walnußpudding, der noch spätabends lauwarm mit Schlagobers serviert wurde und auf der Zunge einen paradiesischen Geschmack hinterließ, den man gleich in seine Träume mitnahm.

... Als wir Kinder waren, besuchten wir öfters die Frau Schulrat. Diese wohnte in einem bestimmten Eckhaus an der Ringstraße im zweiten Stock. Als der Herr Schulrat noch lebte, besuchten wir auch ihn, obwohl uns dieser kaum wahrnahm. In seiner eigenen Welt lebend und im fortgeschrittenen Alter stumm geworden, schrieb er unaufhörlich mathematische Probleme nieder und kritzelte selbst Zeitungsblätter an den Rändern mit Zahlenkolonnen voll. Uns wurde bedeutet, daß der Herr Schulrat ein mathematisches Genie sei und wer weiß was erfunden hätte, wenn er es nur sagen könnte. Wir betrachteten ihn daher mit einer gewissen Ehrfurcht.

Umso lauter und lebhafter war die Frau Schulrat. Kaum war man die Holztreppe zur Wohnung hinaufgestiegen und kaum war man in den dunklen Vorraum eingetreten, überfiel sie einen mit einer lärmenden Begrüßung. Die Nachrichten und Gespräche richteten sich meist an die uns begleitenden Erwachsenen und rauschten, nur wenig Spuren hinterlassend, an unseren Ohren und Gemütern vorbei. Als alte Bekannte meiner Großmutter – sie hatten früher im selben Haus in der Wertheimstraße gewohnt – wurden die Besuche bei ihr bis an ihr Lebensende aufrechterhalten. Die Frau Schulrat wurde besucht, und ich habe sie selten außerhalb ihrer Wohnung gesehen.

In ewiger Erinnerung geblieben und berühmt war sie jedoch durch ihre Weihnachtsbäckerei geworden. Es war nicht die Güte ihrer Bäckerei, über die auch kein Zweifel laut wurde, sondern die Anzahl der Backsachen, die Menge der Sorten, die von niemandem erreicht wurde. Ich kann mich genau an den Ausdruck »achtzehnerlei Bäckerei« erinnern, meine Mutter erzählte mir jedoch, daß früher immer »dreißigerlei Bäckerei« aufgetischt wurde.

Zu diesem Zweck betrat man dann, zirka eine Woche bis vierzehn Tage nach Weihnachten, immer das Wohnzimmer, das auf die Ringstraße hinausging und mir lichtmäßig dunkler in Erinnerung ist als die Küche. Vielleicht wegen der altdeutschen Möbel; wahrscheinlich war es auch nur kühler dort und wenig geheizt. Auf jeden Fall trug die Frau Schulrat dann eine große, fast riesige, längliche Porzellanplatte herbei, auf der dann die achtzehnerlei Bäckerei lag. Da lagen die Aranzinischnitten, die Hausfreunde, die Nußschnitten und Vanillekipferl, deren Rezepte heute noch von uns verwendet werden.

Es lag natürlich noch viel mehr dort, doch genau erinnere ich mich noch an gelb glasiertes Backwerk, Butterbrote genannt. Und von dieser Platte, so wurde man dann unaufhörlich aufgefordert, mußte alles gekostet werden. Mit Lob wurde traditionellerweise nicht gespart, obwohl man dann nachher, nach dem Besuch, ebenso traditionellerweise hinter vorgehaltener Hand, nur unter uns, feststellte, daß diese achtzehnerlei Bäckerei, die da schon tagelang in trauter Eintracht über und nebeneinander geschichtet auf der Platte lag, doch schon einen gewissen Einheitsgeschmack angenommen hatte.

Auf jeden Fall befriedigte diese jährliche Verkostung der achtzehnerlei Bäckerei das Bedürfnis nach Kontinuität und Tradition, das in unserer Familie sehr ausgeprägt ist. In dieser Beziehung konnte die Frau Schulrat fast als Verwandte gelten. Die Schokoladekranzerl hat sie zum Beispiel immer und jedes Jahr gemacht, auch im Krieg, als Schokolade nicht oder nur sehr schwierig zu bekommen war, denn wenn sie keine Schokoladekranzerl gemacht hätte, hätte dies Unglück gebracht.

Ich besuchte die Frau Schulrat, so lange es ging, auch als die lärmende Begrüßung leiser wurde und die Bäckerei immer mehr an Glanz verlor, bis endlich, ich weiß nicht mehr wann, auch das ein Ende hatte und langsam in das Nichtmehrdasein überglitt, trotz der Schokoladekranzerl.

Nur um die Weihnachtszeit erstrahlt plötzlich alles wieder in alter Erinnerung. Da werden die handgeschriebenen Rezepte der Nußschnitten, der Hausfreunde und der Aranzinischnitten, wo in Klammern der Name der Schöpferin, also »Frau Schulrat«, dabeisteht, in die Wirklichkeit umgesetzt. Da türmt sich die Bäckerei, fast achtzehnerlei, auf den Platten, und in Mund und Magen verschmilzt dies alles zu einer einheitlichen Süße und dem einheitlichen Duft, der Weihnachten heißt. Weihnachten! Da steht auch die Frau Schulrat wieder auf. Achtzehnerlei Bäckerei! Man kann sagen, was man will, aber gute Köchinnen bleiben doch etwas länger am Leben als andere.

Glossar

abseihen – z. B. Bratensaft oder Milch durch ein Sieb gießen.
angeflaschelt – österreichisch für: angetrunken; angeheitert.
Angeierns – Zugeherinnen oder Helferinnen.
angelaufen – eingemachte Marmelade, die mit einer Dunstschicht oder mit Schimmel bedeckt ist.
anschmieren – süddeutsch, österreichisch für: reinlegen, täuschen.
Antlaß – österreichisch mundartlich für: Ablaß.
Apfel im Schlafrock – Süßspeise.
Augarten – ehemaliges Jagdgebiet der Hofgesellschaft im heutigen zweiten Wiener Gemeindebezirk, das durch Kaiser Joseph II. 1775 als Parkanlage der Öffentlichkeit zugänglich gemacht wurde.
Ausgedinge – Altenteil, Form bäuerlicher Altersversorgung.
ausg'steckt – österreichisch: zum Zeichen des Ausschanks von Eigenbauwein hängt über dem Haustor ein Bündel aus Zweigen.
ausrasten – süddeutsch, österreichisch für: ausruhen.
ausrichten – süddeutsch, österreichisch umgangssprachlich für: jemanden herabsetzen, schlechtmachen.
auswalken – siehe: Nudelwalker.
Barches – geflochtenes Weißgebäck.
Bastnach – deutsch für: Bastogne, ein kleines Städtchen in den Ardennen.

Bastwaschl – Behelf zum Geschirreinigen.
Batati – patate = Kartoffeln.
bekowede Familie – honorige Familie.
Belfer – Helfer eines Lehrers in einer jüdischen Vorschule.
Beusch(e)l – bayrisch, österreichisch für: (Gericht bestehend aus) Lunge und Herz.
blad – österreichischer Dialektausdruck für: dick, fett.
blo und bla – Helene Gasser spricht damit die unterschiedliche Aussprache der Wörter uva (= Trauben) und uova (= Eier) an.
Blunze(n) – ostösterreichisch für: Blutwurst.
Bramburi – Kartoffeln.
Braunschweiger – Wurstsorte.
Brennsuppe – siehe: Einbrenn.
Buchteln – österreichisch für: ein (mit Marmelade o. ä. gefülltes) Hefegebäck.
Butte(n) – süddeutsch, österreichisch, schweizerisch für: großes (hölzernes) Gefäß.
Cadbury – englische Schokoladefirma.
Chol-hamoed – Halbfeiertag; z. B. die Tage zwischen dem ersten und letzten Tag von Pesach.
Chumez – Nach dem Talmud muß am 14. Tag des Monats Nissan (März/April) jede Spur von Gesäuertem aus dem Haus geschafft worden sein. Chumez ist jede gesäuerte Speise, die aus Weizen, Gerste, Roggen oder Hafer besteht.
Cilinder – Zylinder.
Condukteur (Kondukteur) – veraltet für: Schaffner in Eisen- und Straßenbahn.
Dalken – Gebäck in Form von kleinen Fladen.
das goldene Schweinchen sehen – Wenn jemand nach

dem Fasten am Heiligen Abend ein »goldenes Schweinchen sieht«, bedeutet dies Wohlstand und Glück im kommenden Jahr.

Deka – österreichische Kurzform für: Dekagramm = 10 Gramm.

due soldi – ein bißchen Geld.

Eierdutschn – siehe: Eierpecken.

Eierpecken – Osterbrauch, bei dem zwei Eier aneinandergeschlagen werden; verloren hat, wessen Ei »angepeckt« wurde.

Einbrenn – süddeutsch, österreichisch für: in Fett geröstetes, aufgegossenes Mehl zum Binden von Suppen, Soßen und Gemüsen.

EK 2 – Abkürzung für: Eisernes Kreuz II. Klasse = militärische Auszeichnung.

Engelhaar – Christbaumschmuck.

Erbswurst – in Wurstform gepreßtes Erzeugnis aus Erbsmehl, Fett und Gewürzen zur Herstellung von Erbsensuppe.

Ester Teinis – Feiertag zu Ehren Esthers, der jüdischen Gemahlin des Perserkönigs Xerxes (486–465 v. Chr.). Das nach ihr benannte Buch ist die Kultlegende des Purim-Festes.

faschieren – österreichisch für: durch den Fleischwolf drehen.

Fiaker – österreichisch: zweispännige Pferdedroschke; deren Kutscher.

Fiakerpulver – Arznei.

Flaxeln – österreichisch umgangssprachlich für: Sehne.

Fleckerl – österreichisch für: bestimmte Teigware.

Fleischhauer – österreichisch für: Fleischer, Metzger.

Flinserl – kleiner Rest, winziges Stückchen.
Fraskathy – Frascati = Stadt in der Nähe Roms.
Fretterei – von fretten: sich plagen, abmühen.
Gefrornes – Speiseeis.
Germ – süddeutsch, österreichisch für: Hefe.
Germknödel – süddeutsch, österreichisch für: mit Pflaumenmus gefüllte, in Butter, Zucker und gemahlenem Mohn gewälzte Süßspeise.
Geselchtes – süddeutsch, österreichisch für: geräuchertes Fleisch.
Gilgen – St. Gilgen am Wolfgangsee (Salzburg).
God, auch Göd, Godl – österreichisch für: Pate, Patin.
Goi – Nichtjude.
Grammeln – bayrisch, österreichisch für: Grieben = das harte Überbleibsel, Rückstand vom ausgelassenen Schweinefett.
Grand – großes Gefäß aus Stein; Trog.
Graupen – siehe: Ulanenhäcksel und Kälberzähne.
Greißler – besonders ostösterreichisch für: kleiner Lebensmittelhändler.
Grieben – siehe: Grammeln.
G'riß – bayrischer, österreichischer Dialektausdruck für: große Nachfrage.
Grummet – durch den zweiten Schnitt innerhalb eines Jahres gewonnenes Heu.
Gulden Münz – Währung, die in Österreich bis 1892 gültig war.
Häferl – auch Hafen, Häfen, Hefen, Haferl; süddeutsch, österreichisch umgangssprachlich für: Tasse, Topf.
Haman – Berater des ägyptischen Königs, der als Judenhasser bekannt war.

Hamantaschen – siehe: Kolatsche.
Hausdirn – Magd, die für das Haus zuständig ist.
Häusler – Angehöriger der bäuerlichen Unterschicht.
Hendl – bayrisch, österreichisch für: (junges) Huhn, Brathuhn.
Heurige – Frühkartoffeln.
Holler – süddeutsch, österreichisch für: Holunder.
Holzstotz – niederes Gefäß.
Indian – Kurzform für: indianischer Hahn; alt-österreichisch für: Truthahn.
Jause – österreichisch für: Zwischenmahlzeit, Vesper, Frühstückspause, Nachmittagskaffee; Adjektiv: jaus(n)en.
Jontew – Feiertag.
Juxbrüderl – Spaßmacher.
Kaleschwal – österreichisch veraltet für: Kaleschel = kleiner Wagen.
Kartoffelpuffer – Fladen aus einem Teig von geriebenen, rohen Kartoffeln.
kaschern – rituelles Reinigen des Geschirrs; siehe auch: koscher.
Kasserolle – siehe: Reindl.
Katzelmacher – ursprünglich Bezeichnung für eingewanderte italienische Handwerker, die Küchengeräte, insbesondere Löffel (cazzo = Zinnlöffel) herstellten; besonders österreichisch umgangssprachlich abwertend für: Italiener.
Kelheimer Platten – nach dem bayrischen Ort Kelheim, in dem sie hergestellt werden.
Keusche – österreichisch umgangssprachlich für: ärmliches oder baufälliges Haus.

Kipferl – bayrisch, österreichisch für: halbkreisförmig geformtes Gebäck.
Kitzl – bayrische, österreichische Verkleinerungsform von: Kitz, junges Reh, Gemse, Ziege.
Klachelsuppe – Suppe aus gekochten Schweinsfüßen.
Klesmurin – Musikkapelle.
Kletzenbrot – österreichisch für: dunkles Brot mit gedörrten Birnen und Gewürzen.
Knacker – Knackwurst.
Koch – süddeutsch, österreichisch für: Brei, Mus.
Kolatsche – auch Golatsche: kleines gefülltes Hefegebäck.
Kommis – österreichisch veraltet für: Handelsangestellter.
koscher – von hebräisch košer = einwandfrei, rein; auch: den jüdischen Speisegesetzen gemäß erlaubt.
Kotzen – grobe Decke.
Krammetsvogel – Wacholderdrossel.
Krampus – österreichisch für: Knecht Ruprecht.
Krautsohle – untere Begrenzungsfläche einer Krautgrube, in der das Kraut frisch gehalten wird.
Kredenz – Anrichte, Küchenschrank.
Kren – süddeutsch, österreichisch für: Meerrettich.
Krepplach – Fleischtäschchen.
Kriacherln – Pflaumenart.
Kuchlmensch – österreichischer Dialektausdruck für: Küchenmagd.
Kukuruz – österreichisch für: Mais.
Kupfer – Kupferkessel, -topf.
Latte calio, dare Signora! – Dia del latte caldo, alla signora! = Geben Sie der Frau warme Milch!

Latti kaldo e zuckero – latte caldo e zucchero = warme Milch und Zucker.
Leck – undichte Stelle.
Levitto di birro – Lievito di birra = Germ.
Maiwipferl – junge Triebe der Tannen, die im Mai geerntet werden.
Marengo – Ort in Italien – heute Teil von Alessandria –, bei dem Napoleon im zweiten Koalitionskrieg am 14. Juni 1800 ein Entscheidungssieg über die Österreicher gelang.
Marille – Aprikose.
Matura – österreichisch, schweizerisch für: Abitur.
Mazzes – ungesäuerte Brote.
Megillah – Pergamentrolle.
Mensch – österreichisch umgangssprachlich auch abwertend für: weibliche Person, Frau, Mädchen.
Menscher – österreichisch umgangssprachlich für: Mägde auf dem Bauernhof.
Meschores – Hausdiener, Bediener.
Milchfarfel – Gericht aus Milch und Mehl.
Mizwe – Wohltat.
Moa, Moadirn – erster Knecht, erste Magd.
Mod(e)l – aus Holz geschnitzte Form mit eingekerbten überlieferten Mustern, mit der Backwerk und ähnliches geformt oder mit Verzierungen versehen wird.
Muas – aus gekochtem Obst oder Kartoffeln hergestellter Brei.
Münchner Abkommen – zwischen dem Deutschen Reich, Großbritannien, Italien und Frankreich am 29. September 1938 abgeschlossener und am 30. September 1938 unterzeichneter Vertrag, durch den die Sudeten-

krise beendet und die durch Hitlers ultimative Forderungen an die ČSR entstandene Kriegsgefahr zunächst beseitigt wurde.

Nisslach – kleine Haselnüsse.

Nudelwalker – bayrisch, österreichisch für: Nudelholz, ein walzenförmiges, an beiden Enden mit Griffen versehenes Küchengerät aus Holz oder Kunststoff zum Ausrollen von (Nudel-)Teig.

Ochsenaug' – süddeutsch, österreichisch für: Spiegelei.

Oh, capito, pasta di buri – Ho capito, pasta di burro = Ich verstehe, Butterteig.

Osterflecken – siehe: Fleckerl.

Palatschinke – Süßspeise.

Papperl – Kindernahrung.

Paradeiser – österreichisch für: Tomate.

Passierholz – Küchengerät, mit dem weiche Nahrungsmittel (z. B. Spinat) zu Brei verarbeitet werden.

Pes(s)ach – ein im Nissan (März/April) stattfindendes jüdisches Fest; es kann entweder sieben oder acht Tage dauern.

Pfannreben – Vorrichtung zum Aufhängen von Pfannen, Töpfen.

Pferch – umzäuntes Grundstück für das Weidevieh; Gatter.

Pfifferling – Pilzsorte.

Pipe – Wasserhahn.

Plafond – Decke eines Raumes.

Pofese – bayrisch, österreichisch für: Pafese = zwei zusammengelegte, mit Marmelade oder einer anderen Füllung bestrichene Weißbrotschnitten, die in Fett gebacken werden.

Polard – Poularde = Masthuhn.

Polenta – Brei aus Maismehl oder -grieß, der erkaltet in Scheiben geschnitten und, mit Parmesankäse paniert, gebraten wird.

Polsterzipf – Mehlspeise.

Powidl – österreichisch für: Pflaumenmus.

Prego, dove grande acque? – Per favore, dov' è il mercato dei pesci? = Wo ist der Fischmarkt, bitte?

Purim – ein im Adar (Februar/März) gefeiertes jüdisches Fest.

Quatember – liturgischer Bußtag am Mittwoch, Freitag und Samstag nach Pfingsten, nach dem dritten September-, dritten Advent- und ersten Fastensonntag.

Quendel – Thymianart.

Rastelbinder – österreichisch umgangssprachlich für: umherziehender Siebmacher, Kesselflicker.

Rauchfang – österreichisch für: Kamin.

Rauchkuchl – Küche mit offener Feuerstelle.

Rayon – österreichisch, schweizerisch für: Bezirk.

Reimmichl – Pseudonym des Pfarrers Sebastian Rieger, der einen jährlich erscheinenden volkstümlichen Bauernkalender zusammenstellte.

Reindl – süddeutsche, österreichische Verkleinerungsform zu: Rein = (größerer) flacher Kochtopf.

Rettigová, Magdalena D. – eine der bekanntesten Kochbuchautorinnen des 19. Jahrhunderts; ihr Standardwerk »Altböhmische Kochkunst« erschien erstmals 1826.

Ringlotte – Pflaumenart.

Rips – Getreideart, die zur Herstellung von Speiseöl verwendet wird.

Rumfordsche Suppe – nach Benjamin Graf von Rumford (1753–1814) benannter Eintopf aus Erbsen, Graupen, Kartoffeln und Speck.

Rumpelsuppe – Rüge, Verweis.

rumrangeln – umgangssprachlich für: im Spiel raufen.

Salse – österreichisch regional für: (säuerliche) Marmelade.

Saudirn – Magd, die sich auf dem Bauernhof um die Schweine kümmert.

Schaff(el) – süddeutsch, österreichisch für: offenes Gefäß, Zuber.

Schames – Tempeldiener.

Schani – österreichisch für: Handlanger.

Schemel – Hocker, kleine Fußbank.

Schmarr(e)n – bayrisch, österreichisch für: bestimmte (Mehl-) Speise, z. B. Kaiserschmarrn, oder auch Erdäpfelschrnarrn.

Schottsuppe – die aus Buttermilch gewonnenen Schotten werden mit Wasser verquirlt und mit heißem Salzwasser übergossen, gegebenenfalls mit Sauerrahm verfeinert.

Schusterlaberl – wienerisch für: Sorte von Weißgebäck.

Schwammerl – bayrisch, österreichisch für: Pilz.

Seder – zeremonielles Abendessen am ersten oder zweiten Tag von Pesach.

Selcher – Kurzform von: Fleischselcher = Metzger.

Selchfleisch – siehe: Geselchtes.

Spanlmachen – Holz zum Anfeuern machen.

Spätzin – wohl von Spezi; Wiener Dialektausdruck für: Gefährtin.

Stanitzel – österreichisch für: spitze Waffeleistüte.

Stern – Stirn.

Sterz – süddeutsch, österreichisch für: Speise aus einem mit (Mais-)Mehl, Grieß ö. ä., auch Kartoffeln zubereiteten Teig, der in Fett gebacken oder in heißem Wasser gegart und dann zerteilt wird.

Stockerl – siehe: Schemel.

Stollwerck – deutscher Süßwarenhersteller.

Stör – süddeutsch, österreichisch, schweizerisch für: beim Kunden durchgeführte handwerkliche Arbeit; auf Stör sein, gehen = bei einem Kunden arbeiten.

Sto(ß)suppe – Rahmsuppe mit Kartoffeln und Kümmel.

Striez(e)l – süddeutsch, österreichisch für: (kleineres) längliches, meist geflochtenes Hefegebäck.

Stroz – Hausmeister, Wächter.

Strudel – süddeutsch, österreichisch für: Speise aus einem sehr dünn ausgezogenen Teig, der mit Apfelstücken und Rosinen oder einer anderen (auch nicht süßen) Füllung belegt, zusammengerollt und gebacken oder gekocht wird.

Sude – jüdisches Festmahl an Samstagen und Feiertagen.

Sulz – süddeutsch, österreichisch, schweizerisch für: Sülze = aus kleinen Stückchen Fleisch, Fisch o. ä. in Aspik (Gallert) bestehende Speise.

Svatá Hora – Wallfahrtsort in Ostböhmen.

Tafelbett – zusammenklappbares Behelfsbett, bestehend aus einem eisernen Rahmen und einer Art Teppich, Matte.

Täubling – Pilzart.

Teigmutter – längliches Holzgefäß.

Terborlina – Wahrscheinlich ist damit die Taborlinie gemeint, die Einfallstraße der Zuwanderer aus Böhmen und Mähren nach Wien.

Topfen – bayrisch, österreichisch für: Quark.

Trafik – österreichische Kurzform für: Tabaktrafik; Verkaufsstelle für Tabakwaren, Zeitungen, Zeitschriften, Fahrscheine etc.

Tuchent – österreichisch für: Federbett.

Tülle – Endstück einer Haushaltsspritze, das für verschiedene Verzierungsmuster ausgewechselt werden kann.

tunken – eintauchen.

Ulanenhäcksel und Kälberzähne – Dörrgemüse und Graupen = enthülstes und gerundetes Gersten- oder Weizenkorn, kann als Suppeneinlage verwendet werden.

Vogerlsalat – österreichisch für: Feld- bzw. Ackersalat.

Vorschuß (auch Vorlauf) – was vorschießt, zuerst abläuft oder gewonnen wird; beim Schnaps: nicht zum Trinken geeignet.

Weichsel – österreichisch für: Sauerkirsche.

Weinbeerstrutzen – aus Roggenbrotteig und Weinbeeren (= Rosinen) oder eventuell Feigen zubereitet.

Weinhauer – österreichisch für: Weinbauer, Winzer.

ins Weisa(t) gehen – zur Taufe oder Hochzeit ein Geschenk bringen.

Weitling – bayrisch, österreichisch für: große, sich nach oben stark verbreiternde Schüssel.

Weizennudel – meist in schwimmendem Fett gebackenes Hefegebäck.

welsch – (veraltet) abwertend für: fremdländisch, bes. südländisch.

Wicke – Futterpflanze, deren Schote einen erbsenähnlichen Samen enthält; dieser wurde auch zeitweise zum Korn dazugemischt.
vif – österreichisch für: gescheit, intelligent.
Wruke – Kohlrübe.
Wurzerl – Mischung aus Mehl und Kleie.
Zichorie – Wegwarte = Pflanze mit dunkelgrünen, lanzettartigen Blättern und zarten, strahlenförmigen, meist hellblauen Blüten; aus der Wurzel wurde Kaffee-Ersatz hergestellt.
Zuber – großes, wannenartiges Gefäß mit zwei Tragegriffen.
Zwillich – dichtes, strapazierfähiges Gewebe.

Bildnachweis

Die Photographien für den Bildteil wurden von folgenden Personen zur Verfügung gestellt:

Abbildung 1: Maria Lendl, Luising/Burgenland
Abbildungen 2 + 8: Erich Landsteiner, Wien
Abbildungen 3 + 7: Gisela Schneck, Mürzzuschlag/Steiermark
Abbildung 4: Maria Trojer, Außervillgraten/Osttirol
Abbildung 5: Barbara Passrugger, Filzmoos/Salzburg
Abbildung 6: Günther Müller, Wien
Abbildung 9: Franz Maier, Weiz/Steiermark
Abbildung 10: Grete Bahr, Wien
Abbildung 11: Marie Toth, Leobersdorf/Niederösterreich
Abbildung 12: Judith Schachenhofer, Persenbeug/Niederösterreich